Wow. Ich beginne ein neues Buch. Wie aufregend!

MUSS das sein?
Warum ausgerechnet DIESES Thema?
Wen interessiert schon der
innere Kritiker.
Das Thema ist zu ernst, um es so
l o c k e r anzugehen.

Du schreibst viel zu
oberflächlich!
Das wird doch sowieso keiner kaufen.
Dein Verlag will **bestimmt** etwas
g a n z anderes.
Und deine Kollegen werden die Nase
rümpfen.
Schreib l i e b e r ein Fachbuch.
Aber das **kannst** du bestimmt
auch nicht.

Vielen Dank, Hermann.

Erster Teil

Ach, Hermann ...

Das ist Hermann:

Hermann gehört zur Gattung der sogenannten „inneren Kritiker". Diese Geister leben in unseren Köpfen und Herzen und sind scheinbar nur damit beschäftigt, uns das Leben schwerzumachen. Sie haben an allem, was wir denken, tun oder fühlen, etwas zu bemängeln.

Wir können uns die größte Mühe geben. Wir können nette Menschen sein, unseren Job gut machen, uns fit halten und auf unser Äußeres achten. Egal, ob unsere Freunde und Kollegen uns schätzen, für Hermann sind wir nie gut genug!

Wir alle kennen Menschen, die Karriere machen, die charmant sind und bei allen beliebt – Sportskanonen, Intelligenzbestien, Überflieger mit Charisma und einem Körper wie aus dem Katalog. Die haben doch ganz bestimmt keinen inneren Kritiker, die machen doch alles richtig? Wahrscheinlich weit gefehlt!

Wir lesen von Megastars und Supermodels, von Promis mit Geld und Ruhm – die sich mit Drogen und Alkohol zudröhnen. Wir hören von hochbezahlten Topmanagern, die ihr Leben nur mithilfe ihres Apothekers bewältigen. Hat da vielleicht Hermann seine Hand im Spiel?
Von seinem inneren Kritiker spricht niemand gerne! Wer gibt freiwillig zu, dass er von tiefen Selbstzweifeln gequält wird? Deshalb denken die meisten Menschen, dass sie mit ihrem Hermann ziemlich allein sind. Im Job darf keiner wissen, dass wir uns eigentlich für viel weniger kompetent halten, als die Kollegen ahnen können. Vielleicht vertrauen wir uns engen Freunden an. Und erfahren dann, dass es ihnen ganz ähnlich geht.

Herzlich willkommen im Club – in dem fast jeder von uns Mitglied ist!

Der Geist, der stets verneint

Bei einigen Menschen meldet sich Hermann eher selten und nur in bestimmten Situationen. Bei anderen gibt er zu jeder Kleinigkeit seinen Senf dazu. Manche kennen ihn als leise, zweifelnde Stimme. Andere schleppen einen inneren Diktator mit sich herum, polternd, gemein und zutiefst verletzend.

Egal, wie sehr er auf uns herumhackt, egal, wie extrem – und stets mies – sein Bild von uns ist, letztendlich befürchten wir doch, dass er womöglich recht hat. Andere Menschen können uns noch so oft sagen, dass sie uns mögen und schätzen – ein schiefer Blick von Hermann, und wir (ver)zweifeln schon wieder.

Wenn wir versuchen, uns mithilfe unserer Erfahrungen und unserer ganzen Vernunft realistisch einzuschätzen, sehen wir uns bestimmt in einem positiveren Licht. So schlimm sind wir doch gar nicht. Für einen Augenblick. Und dann knipst Hermann das Licht schnell wieder aus.

Unser innerer Kritiker diskutiert nicht mit uns. Er begründet seine Kritik nicht und lässt andere Sichtweisen nicht zu. Dazu ist er viel zu engstirnig! Nein, Hermann hat schlicht und einfach immer recht. Was er sagt, ist die Wahrheit und Gesetz. Ich bin dümmer als alle anderen? Ich habe keinen Geschmack? Meine Freunde halten mich in Wirklichkeit für einen Waschlappen? Wenn Hermann das sagt, dann ist das so.

Und natürlich lobt er uns nicht. Niemals. Positive Kritik kennt er nicht. Entweder er findet ein Haar in der Suppe – oder er hält den Mund.

War Hermann schon immer da?

Soweit ich mich erinnern kann, gab es ihn noch nicht, als ich ein Kind war. Denn Kinder kennen keine inneren Kritiker. Was Kinder denken, fühlen, spielen und tun, ist eben, wie es ist. Und damit richtig und gut. Die Werke ihres Mal- oder Legokastens sind immer Ausdruck großer Kunst. Und ihre Fragen sind niemals zu dumm.

Wenn es bei mir in der Schule nicht so rund lief, war mir das eigentlich egal, nur die Eltern und Lehrer nervten. Und dass ich nicht Fußball spielen konnte, störte mich auch nicht weiter. Irgendwann aber war es vorbei mit meiner kindlichen Unschuld. Andere Kinder hatten bessere Noten, und ich sah plötzlich, dass ihre Bilder schöner waren als meine und dass sie in manchen Fächern mehr wussten als ich. Und Fußball war nicht mehr nur irgendein Spiel – nein, auf dem Bolzplatz wurden Helden geboren! Oder eben Nieten.
Eines Tages fand ich mich nicht mehr gut genug. Und das war peinlich und tat weh! In dieser Zeit muss wohl Hermann in mein Leben getreten sein.

Ging es Ihnen ähnlich? Können Sie sich an die Zeit vor Hermann erinnern? Und wann er sich bei Ihnen einnistete, ein Teil Ihres Lebens wurde? Bei einigen von uns war das früher, bei anderen später. Und dann wurden wir ihn nicht mehr los.

Wie im alten Rom

Innere Kritiker haben wenig gemein mit den Kritikern, wie wir sie aus dem Fernsehen oder aus der Zeitung kennen. Diese Kritiker beschäftigen sich mit Musik, Literatur, Sport oder Theater und müssen eine Balance zwischen negativer und positiver Bewertung herstellen. Denn wen interessiert schon Lobhudelei? Und wer liest gerne bodenlose Verrisse?

Ein solcher Kritiker muss sich auf seinem Gebiet auskennen, wenn seine Kritik ernst genommen werden soll. Er sollte wissen, warum etwas gut oder schlecht ist – und wie es sein müsste, um ein „sehr gut" zu verdienen. Logisch!

Hermann ist ein anderer Typ Kritiker: Lob, Anerkennung oder gar Begeisterung? Kennt er nicht. Differenzierte Einschätzungen? Nicht sein Ding. Seine Kommentare klingen so:

Ganz schlecht

Das muss viel besser sein

Du strengst dich nicht an

Stell dich nicht so blöd an

Wie Peinlich

Damit kommst du niemals durch

Dafür wirst du ganz sicher ausgelacht

Das hast du verpatzt

Dafür bist du viel zu alt

zu groß zu klein **zu** dumm

zu **un**attraktiv zu einfalls**los**

zu **un**sympathisch zu lang s a m

zu **ängst**lich zu **un**sportlich

Stellen Sie sich einmal einen Literaturkritiker vor, der jedes Buch und jeden Autor auf diese Weise niedermachte. Der Leser käme sich vor wie bei den Spielen im alten Rom, wo es nur um den Spaß am Gemetzel ging.

So ähnlich ist es, wenn Hermann uns auseinandernimmt. Je größer sein Einfluss auf uns ist, desto kleiner und wertloser fühlen wir uns und desto mehr zweifeln wir an unseren Fähigkeiten und Chancen.

Hermann kennt nur Druck

Nehmen wir meine Freundin Tina: Sie ist „nicht mehr die Jüngste“ – sagt sie über sich, was immer das heißen mag. Trotzdem hat sie sich entschieden, Tennisspielen zu lernen. Sie war immer sehr sportlich, und ich war nicht verwundert, dass sie die Technik schnell draufhatte und schon bald eine recht gute Spielerin war – für eine Anfängerin. Tina hätte also sehr zufrieden mit sich und ihren Fortschritten sein können. Sie war es aber nicht!

Denn jemand stand immer hinter ihr auf dem Platz und mischte sich ein: Hermann sah nur, dass viele Mitglieder des Tennisvereins besser als Tina spielten. Dass sie ja noch Anfängerin war und damit unmöglich das Niveau der anderen haben konnte, verstand er nicht. Logisch. Tinas Trainer versuchte sie zu überreden, möglichst viele Spiele zu bestreiten, um durch die Praxis zu lernen. Aber Spiele

kann man verlieren – und das wollte Hermann unbedingt vermeiden, denn verlieren mag er überhaupt nicht.

DAS WÄRE DOCH PEINLICH!

Er brachte Tina dazu, mehr und härter mit ihrem Trainer zu arbeiten. Ihre Technik wurde immer besser – aber der innere Druck ließ nicht nach. Wenn sie doch einmal ein Match mit einem Vereinskameraden wagte, stand sie derart unter Spannung, dass ihr fast jeder Aufschlag misslang. Kein Wunder, lag ihr Hermann doch in jeder Sekunde in den Ohren:

REISS DICH ZUSAMMEN. STRENG DICH MEHR AN.

Und anschließend hackte er auf ihr herum, weil sie sich – in seinen Augen – eine ganz peinliche Vorstellung geleistet hatte. Tina war schon bewusst, dass ihre Erwartung an sich selbst „ein bisschen zu hoch war“. Ihr gelang es aber nicht, sich von Hermanns Urteilen frei zu machen. Sie sagte mir – im Brustton der Überzeugung – dass die anderen Spieler die „hilflosen Versuche einer alten Frau“ doch nur belächelten.

Na ja, ein bisschen zu viel sportlicher Ehrgeiz – das schadet doch nicht, mag der eine oder andere jetzt denken und Tinas Beispiel harmlos finden. Nur, dass Hermann seine Attacken nicht auf den Tennisplatz beschränkt. Wenn er sich in unser Leben einmischt, entsteht in uns ein hoher

psychischer Druck, den wir oft sogar körperlich spüren als Verspannung, Nervosität oder gar Schmerz. Wir schlagen dann „unsere Bälle ins Aus“, verlieren unser Spiel und treten das nächste Mal lieber gar nicht erst an. Klar, dass wir uns selbst irgendwann für hoffnungslos miese Spieler halten.

Tina trainiert übrigens heute noch verbissener denn je – und hat längst aus dem Blick verloren, dass ihr der Sport doch vor allem Spaß machen sollte. Aber mit Hermann im Nacken kann man nicht einfach nur Spaß haben!

Der Feind des Guten

Man sagt ja, das Bessere sei der Feind des Guten. Gut ist in Hermanns Augen natürlich nichts, was ich tue. Entweder er lässt es sofort durchfallen – oder er fordert mich auf, es besser zu machen. Viel besser! Vielleicht habe ich dann noch eine Chance, wenn ich mich so richtig anstrenge? Natürlich nicht, denn dieser Gedanke ist nur eine von Hermanns Fallen. In seinen Augen wird es niemals reichen …

In diese Falle tappe ich trotzdem regelmäßig. Wenn ich schreibe – so wie in diesem Moment –, schaut mir Hermann über die Schulter und mischt sich ständig ein: Dieses ist nicht klar, jenes nicht verständlich genug. Das ist zu lang, das sollte humorvoller sein und sowieso sollte ich

alles anders machen. Ich gebe mir ja große Mühe – aber die Ergebnisse sind in Hermanns Augen nie wirklich gut. Und mein Selbstvertrauen landet regelmäßig im Keller.

Egal, ob wir in unserer Freizeit Klavier spielen, uns an Aquarellmalerei versuchen oder einfach nur joggen: Wir sollten es schneller und besser tun und uns viel mehr Mühe geben. Und wir fallen immer wieder darauf herein und versuchen, es ihm recht zu machen.

Letztens habe ich an einem Meditationsseminar teilgenommen: Selbst hier mischte sich Hermann ein! Wenn ich es mal schaffte, meine Gedanken verstummen zu lassen, lag mir immer noch Hermann im Ohr.

Du solltest viel **weniger** denken
Andere sind bestimmt schon viel entspannter
Streng dich doch mal an!

Dass dies meiner geistigen Vertiefung nicht gerade zuträglich war, ist klar.

Leider schon wieder verloren …

Hermann geht oft nach einem einfachen Muster vor. Erst meldet er sich mit leisen Zweifeln:

Meinst du, dass das
ausreichend ist?

Dann liefert er eine schnelle Diagnose:

Du gibst dir nicht genug M ü h e !

Und stellt dann im Brustton der Überzeugung fest:

Alle anderen machen das
v i e l besser als du!

Um mir erneut klarzumachen:

Du musst dich viel mehr
anstrengen.

Und wenn ich mich mehr anstrenge, kommt trotzdem schnell die Feststellung:

Das reicht immer noch n i c h t .

Sodass Hermanns Urteil schließlich nur lauten kann:

Du bist eben ein
Versager.

Punkt.

Alt, fett und unansehnlich

In den Augen meiner Mitmenschen bin ich wohl ein relativ sportlicher, nicht völlig unattraktiver Mann – nicht mehr blutjung, aber noch ganz gut in Schuss. Ich könnte wohl mit meinem Aussehen zufrieden sein. Wenn nicht Hermann mich mit ganz anderen Augen sähe:

Dein BAUCH könnte auch straffer sein.
Mann, bist du schon faltig!
Du hattest auch mal mehr Haare
auf dem Kopf. Deinen Hüftspeck ver-
steckst du besser.

Und als i-Tüpfelchen:

Wer könnte dich schon attraktiv
finden? Mit dir will doch keiner mehr
SEX haben.
Das Leben ist vorbei für dich.

Möglicherweise geht es nicht nur mir so? Was sagt Ihr Hermann zu Ihrem Körper und Ihrem Äußeren? Menschen weiblichen Geschlechts sollen angeblich in dieser Hinsicht noch gnadenlosere innere Kritiker haben als wir Männer.

Kein Wunder also, wenn wir beim Blick in den Spiegel selten gute Laune bekommen. Oder dass wir uns in Badeklamotten unwohl fühlen. Und dass so viele Menschen sich

auf Fotos gar nicht leiden mögen. Wenn Hermann an unserem Körper herummäkelt, fühlen wir uns manchmal wehrlos wie ein Käfer auf dem Rücken und möchten uns am liebsten verstecken.

Mach endlich **mehr** Sport

liegt mir Hermann ständig in den Ohren – mit der Betonung auf MEHR. Denn egal, was ich tue, ich sehe nun mal nicht mehr aus wie zwanzig. Doch das kann Hermann absolut nicht akzeptieren. Dabei mochte ich mich mit zwanzig auch nicht wirklich leiden.

Warum tut er das? Er weiß doch auch, dass wir gegen das Älterwerden keine Chance haben. Warum streut er noch Salz in unsere Wunden?

Ich glaube, es ist ihm peinlich, mit mir gesehen zu werden. Weil er davon überzeugt ist, dass die Leute genauso denken wie er. Da ist es in Hermanns Augen besser, wenn ich mich gar nicht unter Menschen blicken lasse. Ihm wäre es recht, wenn ich mich zurückziehen würde wie die späte Garbo oder Marlene Dietrich. Ob die wohl auch auf ihren Hermann gehört haben?

Im Dschungel des Jobs

Gerade in der Arbeitswelt findet Hermann ein reiches Betätigungsfeld. Denn hier geht es schließlich um Leistung und Beurteilung. Und da ist Hermann in seinem Element!

Zum Beispiel Bernd. Er macht denselben Job seit fast zwanzig Jahren im selben Unternehmen. Schon sehr lange denkt er darüber nach, sich einen neuen Arbeitsplatz zu suchen. Er würde so gern mal etwas Neues wagen. Aber dafür müsste er Risiken eingehen – und Hermann hasst Risiken:

Du kannst und weißt doch nur, was du schon ewig machst. Du willst dich bewerben? Die lachen dich doch aus! Du wirst noch nicht einmal zum Gespräch eingeladen.

Die suchen **junge und dynamische** Leute – du gehörst doch zum **alten Eisen.**

Dabei hat Bernd immer wieder Fortbildungen besucht und wird von seinen Kollegen sehr geschätzt. Aber Hermann sorgt dafür, dass er höchstens ab und zu in die Stellenanzeigen schaut. Einige Male hat Bernd sich tatsächlich beworben, wenn die ausgeschriebene Stelle seiner jetzigen ähnlich genug war. Aber Hermann sorgte dafür, dass seine Bewerbungen schön vorsichtig und unverbindlich klangen. Dass nichts daraus wurde, war für ihn ein klarer Beweis: Bernd will keiner mehr.

Katrin ist erst Mitte zwanzig, hat einen hervorragenden Universitätsabschluss und diverse Praktika im Ausland absolviert. Wenn sie sich bewirbt, bekommt sie fast immer Einladungen. Trotzdem bleibt es dann bei Gesprächen und Assessmentcenters – jedes Mal kommt anschließend die freundliche Absage. Und Katrin weiß auch warum: Wenn es darum geht, sich vor anderen zu präsentieren, kriegt sie kaum den Mund auf und kann ihre Nervosität nicht verbergen. Dabei weiß sie, dass sie mehr draufhat als die meisten Mitbewerber. Aber Hermann stellt sich ihr in den Weg, wenn sie es auch zeigen will und muss:

Das **kannst du doch nicht** sagen. Was, wenn es **falsch** ist? Vielleicht wollen **die** etwas ganz

anderes hören? Die finden dich ganz bestimmt zu unsicher. **Reiß dich zusammen.** Halt dich lieber zurück.

Und wenn sie sich mal getraut hat, ein wenig aus sich herauszugehen, dann findet Hermann das garantiert blöd und peinlich. Mit der Folge, dass Katrin sich wie gelähmt fühlt und am liebsten in einem Loch im Erdboden versinken würde …

Thomas weiß, dass er für seine Kompetenz geschätzt wird, aber unter seinen Kollegen fühlt er sich isoliert und wie „der letzte Idiot". Mittags geht er allein zum Essen und nimmt nie an einem Plausch unter Kollegen teil. Dabei hätte er so gern mehr Kontakt zu ihnen. Aber keiner fragt ihn, und keiner spricht ihn an, wenn es nicht die Arbeit betrifft. Auch sein Vorgesetzter scheint sich mit allen anderen viel besser zu verstehen.

Leider ist dies schon so, seitdem Thomas vor fünf Jahren in die Firma kam. Anfangs fand er den Umgangston hier zu persönlich und manchmal zu direkt. Er ging Kontakten deshalb lieber aus dem Weg. Hermann war vom ersten Tag an alarmiert:

Du passt **überhaupt nicht** ins Team. Die wollen doch gar nichts mit dir zu tun haben. **Warte lieber ab,** bis jemand auf dich zukommt.

Und wenn ihn tatsächlich jemand ansprach, war ihm klar:

Die laden dich doch nur aus Höflichkeit ein. Sag lieber **nein**.

Es dauerte nicht lange, bis Thomas nicht mehr gefragt wurde. Für Hermann eine klare Sache:

Siehst du, die haben doch gar **kein** Interesse an dir. Die sind alle viel origineller und witziger als du. Du bist ja auch langweilig.

Ach, hättest Du doch!

Hamhaii, Aam Naacomaoam

Eine Spezialität von Hermann ist das Nachtreten: Da haben wir uns einen Patzer geleistet – schlimm genug. Aber kaum ist uns das bewusst geworden, tritt Hermann auf den Plan und sorgt dafür, dass wir uns noch ein bisschen schlechter fühlen.

Ich war beispielsweise der Meinung, auf eine Party in Jeans und T-Shirt gehen zu können, und stellte dort fest, dass ich der einzige Gast ohne Abendgarderobe war. Dumm gelaufen. Und während ich mich sowieso schon

wie versteinert durch die Gesellschaft bewegte, lag mir auch noch Hermann pausenlos im Ohr:

Hättest du nicht mal nachdenken oder den Gastgeber fragen können? Wie **peinlich**. Und wie die Leute **dich ansehen!**

Dabei war mein Aufzug den meisten Gästen offensichtlich völlig egal. Und der Freund, der mich eingeladen hatte, machte nur grinsend einen lockeren Spruch. Hermann fand das gar nicht lustig und hackte den ganzen Abend auf mir herum.

Anderes Beispiel: Ich habe für meinen Chef eine Aufstellung erarbeitet und sie nur einmal überprüft, weil ich endlich Feierabend machen wollte. Ich dachte, sie würde schon okay sein – und dann entdeckt mein Chef darin sofort zwei Fehler und ermahnt mich, das nächste Mal etwas sorgfältiger zu sein. Keine schöne Situation. Und das Stichwort für den Auftritt des Nachtreters:

Wieso hast du das nicht noch einmal gecheckt? Aber du wolltest natürlich mal wieder den leichtesten Weg gehen. **Das hast du jetzt davon.** Bei deinem Chef bist du erst mal unten durch!

Er hat ja nicht einmal unrecht! Nur warum meldet er sich erst, wenn es zu spät ist? Hätte er mich nicht ermahnen können, als ich vor dem Kleiderschrank stand oder noch bei der Arbeit war? Nein, er wartet lieber, bis das Kind im Brunnen liegt, und schießt dann aus der sicheren Position.

Unter Verdacht!

Wir lesen immer wieder von Hochstaplern, die sich als Ärzte, Piloten oder hohe Amtsträger ausgeben. Wenn sie eines Tages entlarvt werden, wundert man sich, wie leicht sie durch Dreistigkeit ihre Mitmenschen täuschen konnten. Kein schöner Gedanke, dass jemand plötzlich herausfinden könnte, dass man nicht ist, was man vorgibt zu sein. Dann steht man entblößt da, und alle zeigen mit dem Finger auf einen …

Wie gut, dass wir keine Hochstapler sind. Aber können wir uns da ganz sicher sein? Hermann gerät darüber nämlich oft ins Zweifeln. Auch wenn wir beruflich und privat erfolgreich sind, redet er uns gern ein, dass dies bestimmt auf einem Irrtum beruht. Er ist nämlich fest davon überzeugt, dass man uns generell überschätzt!

Wir machen seit Jahren einen guten Job, kennen uns auf vielen Gebieten aus und bekommen häufig gute Feedbacks? Wir gelten als gute Köche, Zuhörer, Hobbymaler, Sportler, Gärtner …? Vielleicht sind wir aber viel inkom-

petenter, als alle Welt glaubt – man hat uns eben nur noch nicht durchschaut.

Wenn die anderen wüssten, wie wenig du weißt und kannst und wie du wirklich denkst und bist – dann wärst du sofort bei ihnen unten durch.

Autsch. In Hermanns Vorstellung droht jederzeit die peinliche Entlarvung. Kein Wunder, dass er uns ständig in den Ohren liegt, dass wir uns noch mehr Mühe geben und uns möglichst im Hintergrund aufhalten sollten. Schließlich minimieren wir so das Risiko, dass unser Schwindel auffliegt.

Okay, bisher ist es ja gut gegangen – aber mit der nächsten Präsentation, beim nächsten Meeting und auf der nächsten Feier könnte herauskommen, was für eine Niete du in Wirklichkeit bist und dass alles nur heiße Luft war!

In Hermanns Augen droht die Entlarvung überall:

Wie peinlich, wenn jemand merkt, wie schlecht du einparken kannst, wie wenig du wirklich von deinem Fachgebiet verstehst, wie du ohne Make-up aussiehst, wie lückenhaft deine Allgemeinbildung ist, wie selten du ein Buch liest!

Kommt Ihnen das bekannt vor? Hermann hat uns ständig unter Verdacht.

Ich mache hier mal Schluss …

Mit den Geschichten über Hermann. Klar, ich könnte noch viele, viele Seiten damit füllen. Und bestimmt sind Ihnen beim Lesen jede Menge Geschichten eingefallen, die Sie täglich mit IHREM Hermann erleben. Oder den inneren Kritikern, die wir bei anderen Menschen wahrnehmen. Unser Leben könnte so viel einfacher und schöner sein ohne sie …

Zweiter Teil

Hermann. Und wie er die Welt sieht

Und jetzt? Warum eigentlich noch weitere Kapitel? Was gibt's noch zu sagen? Hermann ist ein Fiesling. Unfair und gemein. Und ich bin sein Opfer. Ich verdiene Mitleid! Und Sie natürlich auch. Basta!

Wir könnten hier aufhören. Und weitermachen wie zuvor: „Ja, ich bin einfach viel zu kritisch mit mir selbst. Ich weiß, ja. Ist das nicht schlimm?" Dann bleibt Hermann auf seinem Posten, bis wir gemeinsam ins Grab gehen. Aber will ich das? Wollen Sie das?

Ich finde, es ist an der Zeit, dass wir unser Verhältnis zu Hermann überdenken. Trennung geht nicht – also ist Beziehungsarbeit angesagt!

Hermann ist ja schon lange mein Begleiter. Beschimpft habe ich ihn und bedroht, dass er mich endlich in Ruhe lassen soll … dass er völlig unnütz ist und mir nur schadet. Dass ich nicht so unfähig und blöd bin, wie er mir seit Ewigkeiten eintrichtert.
Und hat's ihn beeindruckt? Nö. Hermann macht völlig unbeirrt seinen Job. Und findet es lächerlich, wie ich mich über mich selbst aufrege.

*Ein **Zeichen** deiner psychischen Labilität. Völlig **neurotisch**.*

Dummerweise ist Hermann ja nicht irgendein verwackelter, ferner Bekannter, dem wir aus dem Weg gehen könnten. Hermann sitzt in unseren Hirnen. Er ist schon sehr, sehr lange ein Teil unserer Persönlichkeit. Wir können ihn nicht herausschneiden oder ignorieren. Sehen wir der Wahrheit ins Gesicht: Wir werden ihn nicht los!

Natürlich können wir uns darüber ärgern, dass Hermann sich partout nicht ändern oder gar verschwinden will. Das tun wir in Beziehungen ja gern: dem anderen die Schuld in die Schuhe schieben! Oder wir resignieren und finden uns damit ab, dass wir eben ein sehr „selbstkritischer Mensch" sind.

Aber mal ehrlich: Haben wir denn mal versucht, anders mit ihm umzugehen? Lassen wir uns nicht immer wieder bereitwillig von ihm fertigmachen? Glaubt nicht „etwas in uns", dass er ja recht hat? Und hauen wir nicht in die glei-

che Kerbe wie Hermann, wenn wir uns blöd finden, weil wir so kritisch mit uns selbst umgehen?

Die meisten Menschen haben keine Ahnung, wie ihr Kritiker tickt und warum er ist, wie er ist. Sie haben ihm nie in die Augen gesehen. Ist es da ein Wunder, dass er sich nicht ändert? Warum sollte er? Er spielt schließlich nur seine Rolle – und er würde sagen: erfolgreich. (Zu Hermanns „Erfolgen“ kommen wir später.)

Versuchen wir doch mal, Hermann auf die Schliche zu kommen und ihn ein bisschen besser kennenzulernen.

Vorneweg: Haben wir überhaupt alle einen inneren Kritiker?

Es gibt bestimmt Menschen, denen Selbstreflexion oder gar Selbstkritik völlig fremd sind. (Ich mutmaße, dass das männliche Geschlecht unter ihnen ein klitzekleines bisschen häufiger vertreten ist.) Ein solcher Mensch zweifelt kaum an sich und findet sich generell großartig. Und wenn etwas nicht so großartig läuft, liegt die Schuld natürlich bei den anderen.

Der eine oder andere mag neidisch sein auf so eine Haltung. *Ach, das wäre schön … ein Leben ohne Selbstkritik.* Aber wären wir mit einem solchen Menschen gern

befreundet? Wäre er uns sympathisch? Höchstwahrscheinlich nicht! Weil jemand, der so sehr von sich überzeugt ist, bestimmt kein angenehmer Zeitgenosse ist. Und sonderlich erfolgreich wäre er auf Dauer wohl auch nicht, weil er so lange unbeirrt in eine Richtung rennt, bis die Realität ihn brutal stoppt.

Ich glaube außerdem nicht, dass er gar keinen Hermann hat – viel eher wird sein Kritiker in einem Kerker seiner Psyche sein Dasein fristen und nie das Tageslicht sehen dürfen. Und das ist bestimmt nicht erstrebenswert, wie wir noch sehen werden.

Dein Hermann = mein Hermann?

Stellen Sie sich vor, wir würden eine Meinungsumfrage unter all unseren Hermännern machen:

Was glaubst du über deinen Menschen? Und was findest du besonders kritikwürdig an ihm?

Wir würden bestimmt sehr unterschiedliche Antworten bekommen: Die einen nörgeln hauptsächlich an unserem Aussehen herum, andere halten nicht viel von unserer Intelligenz oder unseren Fähigkeiten. Einige finden unsere Gefühle, Wünsche oder Vorlieben völlig daneben. Wieder andere kritisieren vor allem, wie wir unseren Mitmenschen begegnen und wie wir auftreten. Manche sind privat

ganz handzahm, drehen aber richtig auf, wenn unser Berufsleben betroffen ist. Oder umgekehrt. Es gibt innere Kritiker, die sich nur gelegentlich zu Wort melden, und andere, die ständig etwas zu meckern haben.

Und was kann Ihr Hermann an Ihnen nicht leiden?

Hermann schlägt uns auf den Magen

Unser Denken besteht aus einer Mixtur aus Sätzen, Bildern und Gefühlen, die nacheinander und ineinander verwoben durch unser Bewusstsein rauschen. Denke ich zum Beispiel daran, meine Kollegen demnächst zum Essen einzuladen, ereignet sich in meinem Hirn ein komplexes Feuerwerk rund um dieses Ereignis, um meine Rolle als Koch und Gastgeber, meine Beziehungen zu den Kollegen und so weiter. Nach einer Weile werde ich eine Entscheidung treffen.

Mischt sich nun Hermann in einen solchen Denkprozess ein, gerät dieser sofort aus dem Gleichgewicht und verengt sich. Wir fokussieren automatisch die kritischen Inhalte, und unsere Stimmung wird getrübt. Positive Bilder und Gedanken, Wünsche, Bedürfnisse und gute Gefühle treten in den Hintergrund oder verschwinden ganz. Wir starren – Tunnelblick! – auf innere Gewissheiten wie *ich kann nicht, ich darf nicht, es geht nicht.* Und natürlich auf die schrecklichen Konsequenzen, sollten wir nicht auf

Hermann hören. In meinem Beispiel könnte er mir einflüstern:

Deine Kollegen sind bestimmt anderes Essen gewohnt. Sie werden über deine Kochkünste die Nase rümpfen. Du wirst dich ganz sicher blamieren.

Wahrscheinlich gebe ich meine Idee jetzt auf – und Hermann hat mal wieder gewonnen.
In meinem Kopf geht es auch ohne Hermanns Zutun schon sehr widersprüchlich zu. Es gibt positive und negative, zustimmende und ablehnende Gedanken. Konstruktiv ist es, wenn jeder Gedanke eine Chance bekommt – in einem inneren, „demokratischen" Abstimmungsprozess. Doch damit ist Schluss, wenn Hermann unsere innere Bühne betritt. Er verhält sich wie ein Diktator und lenkt sofort unsere Aufmerksamkeit auf seine Sichtweise. Argumente, die seiner Sicht widersprechen, nimmt er natürlich nicht zur Kenntnis.

Aber warum schenken wir ihm so viel Aufmerksamkeit? Warum lassen wir uns von ihm diktieren, was wir zu tun und zu denken haben? Eine Antwort darauf ist: Weil er starke negative Gefühle in uns auslöst. Wir fühlen uns klein, unsicher und ängstlich, wenn Hermann sich groß aufspielt.

Manchmal spüren wir Hermann vor allem körperlich – als würde uns jemand den Stecker herausziehen. Oder wir fühlen uns innerlich unter Druck und nervös – als würden wir permanent zu hochtourig fahren. Hermann kann auch Magenschmerzen und Beklemmungen verursachen. Er lässt uns spüren, dass wir nicht gut genug sind!

Hör dir zu – dann hörst du Hermann!

Bei anderen Menschen können wir sein Wirken meistens leichter identifizieren als bei uns selbst: Wenn uns jemand – offensichtlich ohne nachzudenken – erklärt, er könne irgendetwas „unmöglich“ tun, sich beispielsweise

trauen, einen interessanten Menschen einfach anzusprechen. Wir spüren, dass seine Haltung nicht durch Abwägen, Nachdenken und Ausprobieren entstanden ist. Er scheint eher zu GLAUBEN, es nicht zu können, und dies ist wahrscheinlich das Resultat eines Denkverbots! Solche Denkverbote sind Programme, die ohne Zögern und Innehalten funktionieren. Je schneller, negativer und eindimensionaler die Aussage, desto wahrscheinlicher steckt Hermann dahinter!

Die Sprache eines Menschen ist ein sicheres Indiz für sein Denken. Sagt mir mein Gegenüber zögernd: „Ich bin mir nicht sicher, ob ich das kann", mag das Ausdruck eines inneren Abwägens sein. Kommt aber, wie aus der Pistole geschossen, „Das kann ich doch nicht!" – na ja, Sie wissen schon, wer dann seine Finger im Spiel hat.

Natürlich neigen wir zur Betriebsblindheit, wenn es um uns selbst geht. Uns selbst kommen wir als Allerletztes auf die Schliche. Aber es ist nicht unmöglich. Wir brauchen uns nur zuzuhören, wie wir über uns selbst sprechen: Sage ich grundsätzlich lieber „ich muss" als „ich möchte"? Den Rasen mähen, mal wieder die Eltern besuchen oder meinen Urlaub buchen? Verwende ich verdächtig oft „ich kann nicht" und „das geht nicht"? Berufe ich mich gern auf andere und das berühmte „man", wenn ich keine Möglichkeit sehe?

Dann erlaube ich Hermann, das Wort für mich zu ergreifen, ohne dass ich meine Aussage wirklich abgewogen habe!

Hermann und die konstruktive Selbstkritik

Selbstkritik ist ja nicht grundsätzlich etwas Schlechtes. Wir sollten bestimmt nicht darauf verzichten, unser Handeln und Denken zu hinterfragen. Auch kritisch. Aber wie unterscheiden wir konstruktive Selbstkritik von Hermanns Verurteilungen?

Wenn andere Menschen uns kritisieren, weil sie es gut mit uns meinen, legen sie manchmal auch den Finger in unsere Wunden. Aber sie zeigen auf das „noch nicht Gute“, damit wir besser werden können. Ihre Absicht ist immer, uns zu ermutigen. So wie ein guter Lehrer einen Fehler anstreicht und gleichzeitig motiviert, es das nächste Mal ein bisschen besser zu machen. Er will damit unser Selbstwertgefühl stärken und uns die Chance geben, an unsere Fähigkeiten zu glauben.

Konstruktive Selbstkritik funktioniert genauso: Ich habe eine positive Haltung zu mir und möchte lernen und wachsen. Auch wenn es nicht angenehm ist einzusehen, dass ich in bestimmten Punkten Defizite habe, fühle ich

mich durch meine Selbstkritik nicht abgewertet, sondern ermutigt.

Unseren inneren Kritiker erkennen wir daran, dass er uns niemals ermutigt. Hermann will nicht, dass wir wachsen und lernen – er will, dass wir in unserem Kämmerlein bleiben und die Klappe halten.

Konstruktive Kritik gilt immer unseren Handlungen. Hermann dagegen verurteilt unser Wesen als Ganzes.

> DU BIST dumm – weil ich ein Problem nicht voll erfasst habe.
>
> DU BIST oberflächlich – weil ich manchmal lieber Spaß habe, als ernste Themen zu diskutieren.
>
> DU BIST inkompetent – weil ich eine Aufgabe nicht richtig gelöst habe.

Das sind völlig falsche Schlussfolgerungen, die unter die Gürtellinie zielen.

Manche Menschen glauben, dass sie ihrem inneren Kritiker folgen müssen, weil ja Selbstkritik eine gute Sache ist. Doch Hermanns Wahrheiten sind nie motivierend, sein Ziel ist nie, dass wir uns besser fühlen.

Tiefschwarz oder sehr weiß – Hermanns Be- und Verurteilungen

Will man Leistungen oder Eigenschaften fair beurteilen, braucht man zunächst einmal Durchschnittswerte, an denen man sich orientieren kann. Dann muss man entscheiden, in welchen Abstufungen man welche Noten vergibt oder Klassifizierungen vornimmt. Will ich eine Klassenarbeit oder einen Bewerbungstest beurteilen, brauche ich dafür Skalen und Kriterien. Ganz logisch – sonst wäre es willkürlich und unfair.

Haben Sie schon einmal beobachtet, wonach Sie Ihr innerer Kritiker beurteilt? Versucht er Sie und Ihre Leistungen auf irgendeiner nachvollziehbaren Skala einzuschätzen? Interessiert ihn, wo Sie im Vergleich mit anderen wirklich stehen? Höchstwahrscheinlich nicht. Hermann denkt nicht in Zwischentönen und Abstufungen – er kennt nur Extreme wie gut oder schlecht, richtig oder falsch. Niemals würde er mir sagen, dass meine Leistung gerade „etwas unter meinem Durchschnitt" liegt.

Nein, Hermanns Lieblingsurteil lautet schlicht und einfach: „Nicht gut genug". Egal, ob ich im unteren Mittelmaß oder schon bei 85 Prozent liege – für Hermann reicht es nicht. Er findet mich zu chaotisch, zu alt oder meine Nase zu groß. Basta! Hermann kennt nun einmal nur schwarz und weiß.

Er weiß nichts – aber alles besser!

Wenn Hermann mich verurteilt, macht er mir ein mieses Gefühl. Ist in seinen Augen meine Figur völlig inakzeptabel, dann ist ihm egal, ob ich wirklich ein Pummel bin oder nur knapp unter meinem Idealgewicht. Vielleicht erreicht er damit, dass ich tatsächlich weniger esse und mehr Sport treibe. Das wäre ja nicht schlecht. Aber wenn ich dann ein oder zwei Kilo abgenommen habe, wird sein Urteil kein bisschen milder ausfallen. Und mein Gefühl ist immer noch mies.

Um mir klarzumachen, wie ungenügend ich bin, verweist Hermann gern auf Zeitgenossen, die mir weit voraus sind: Wenn es um meinen Körper geht, sind dies natürlich nicht gleichaltrige Durchschnittsmenschen – nein, er schielt am Strand auf die perfekten Exemplare, die mindestens zwanzig Jahre jünger sind. Hermann liebt Überflieger und Erfolgsstorys!

DIE HABEN ES GESCHAFFT!

UND DU?

Wenn Sie mit vierzig anfangen, Klavierstunden zu nehmen, ist ein berühmter Pianist einfach kein idealer Vergleich. Als eher kleinwüchsiger Mensch werde ich im Basketball nie erreichen, was ein Hüne von über zwei Metern kann. Jemand mit drei Kindern wird wahrscheinlich entspannter sein als jemand, der gerade den ersten Nach-

wuchs bekommen hat. Eine gute Selbsteinschätzung ist immer eine Sache der Perspektive.

Aber Hermann orientiert sich immer nur an den strahlendsten Beispielen – und stellt so unser Licht unter den Scheffel. Er erkennt nicht, welche Ziele realistisch für uns sind. Er ist wirklich kein Experte, auf dessen Urteil wir sonderlich viel Wert legen sollten …

Aber wir lassen uns von ihm beeindrucken

Trotzdem lassen wir uns von Hermann beeindrucken und übernehmen seine Urteile, ohne deren Wahrheitsgehalt zu prüfen. Ist es nicht erstaunlich, dass „jemand" mit so wenig Überblick und Kompetenz einen so großen Einfluss auf uns hat?

Wäre es nicht schön, wir würden uns nicht so schnell ergeben und Hermanns Urteile tatsächlich einmal kritisch betrachten? Wenn er uns (typischer O-Ton Hermann) zum Beispiel um die Ohren haut:

Du bist doch wirklich zu alt, um dich noch beruflich zu verändern!

Stellen Sie sich einmal vor, wir würden dann nachhaken und ihn fragen:

Was hat mein Alter mit meinen beruflichen Plänen und Möglichkeiten zu tun?
Inwiefern schränkt mein Alter mich ein – und könnte es nicht auch ein Vorteil sein?
Von welcher konkreten Veränderung reden wir überhaupt?
Gibt es wirklich keine Menschen meines Alters, die in einem neuen Job erfolgreich sind?
Sollte es Nachteile durch mein Alter geben: Wie könnte ich ihnen konstruktiv begegnen?

Wie würde Hermann darauf reagieren? Wahrscheinlich wäre er verwirrt, weil er nicht gewohnt ist, dass wir seine Urteile in Frage stellen. Möglicherweise würde er uns mit weiteren pauschalen und negativen Behauptungen kommen. Vielleicht würde er sich aber auch zurückziehen und uns erst einmal in Ruhe lassen, weil er mit sachlichen Argumenten und differenzierten Betrachtungsweisen wenig anfangen kann. Eine schöne Idee, nicht wahr? Wir werden später sehen, dass das tatsächlich funktioniert.

Wir Mauerblümchen

Verfolgt Hermann eine Strategie? Und wenn ja: Wohin will er uns und unser Leben manövrieren? Und wie sähe unser Leben aus, wenn wir es tatsächlich konsequent

nach seinen Ansichten ausrichteten? Es bedarf keiner großen Phantasie, um sich das Resultat vorzustellen:

Erst einmal müssten wir uns grundsätzlich dafür schämen, dass wir so sind, wie wir sind. Folglich würden wir uns ständig dafür entschuldigen, dass wir überhaupt auf der Welt sind. Und wir wären permanent damit beschäftigt, uns für alles zu rechtfertigen, was wir tun, denken und fühlen. Und wie wir aussehen. Denn wir wüssten ja, dass es ungenügend ist. Weil alle anderen Menschen sowieso in einer anderen Liga spielen als wir, wäre ihnen unsere Existenz kaum zuzumuten, und wir würden den Kontakt zu ihnen auf ein Minimum reduzieren.

Da wir uns für hoffnungslose Fälle hielten, würden wir jeden Versuch unterlassen, etwas zu ändern. Würde ja doch nichts bringen. Wie Zarah Leander einst sang: „So bin ich, und so bleibe ich, so bin am ganzen Leibe ich.“ Klar, wir würden uns weiterhin gewaltig anstrengen, alles perfekt zu machen. Natürlich vergeblich! Und deshalb müssten wir uns schämen. Und uns rechtfertigen und entschuldigen. Immer und immer wieder.

Wir würden also das Leben eines Mauerblümchens führen – das vielleicht darauf hofft, dass irgendjemand irgendwann erkennt, dass doch etwas Gutes in ihm steckt. Aber das wäre natürlich nur ein schöner Traum.

Ziemlich gruselig, was Hermann mit uns im Sinn hat, oder?

~~no~~ risk = no fun

Wenn wir einen richtig guten Lauf haben, eine große Portion Lob und Anerkennung bekommen, sich jemand in uns verliebt hat und wir so richtig glücklich sind – dann lässt sich Hermann nicht blicken. Solange die Welt uns versichert, dass sie uns mag und schätzt, gibt er Ruhe. Denn Applaus ist für ihn äußerst beruhigend!

Wenn aber nur das kleinste Risiko besteht, dass wir der Welt missfallen könnten, tritt Hermann wieder auf den Plan. Sobald wir etwas tun wollen oder müssen, das wir nicht perfekt beherrschen, wird es ihm zu riskant.

Wir fühlen uns nicht sicher? Eine Situation ist unklar und könnte Überraschungen mit sich bringen? Jemand könnte uns ablehnen oder sich uns gar in den Weg stellen? Ich könnte endlich eine Gehaltserhöhung verlangen? Sagen, was ich denke? Eine neue Frisur ausprobieren?
Ein Job für Hermann!

LASS ES! DAS KANNST DU NICHT.
DAS KRIEGST DU NICHT.
DAS STEHT DIR NICHT.

Das Bewährte und Gewohnte mag uns noch so sehr langweilen – Hermann liebt es. Solange wir brav in unserer Komfortzone bleiben, ist für ihn die Welt in Ordnung. Und er wird alles versuchen, dass wir sie auf keinen Fall verlassen oder auch nur daran zu denken wagen! Das Sprichwort „Schuster, bleib bei deinem Leisten" könnte Hermann erfunden haben. Na ja, hat er ja vielleicht auch …

Spätestens wenn etwas danebengeht, betritt Hermann die Bühne. Der Chef lehnt die Anfrage ab, unsere Bewerbungen bleiben unbeantwortet oder jemand kritisiert uns oder unsere neue Frisur? Ganz sicher wird Hermann uns dafür tadeln.

Wie konntest du nur so naiv sein zu glauben ...

Zweierlei Maß

Hermann ist ja mein ganz persönlicher Kritiker. Sind ihm andere Menschen also herzlich egal? Ganz im Gegenteil!

Zwar stimmt es, dass er niemals andere kritisiert. Was immer sie sagen, tun oder sind – für Hermann ist es ganz in Ordnung. Sollte ich versuchen, ihm mit dem Argument zu kommen, dass jemand anderes nicht besser ist als ich, stellt er sich taub. Eine Freundin fällt dreimal durch die Führerscheinprüfung? Was soll's. Aber ich bin ein „hoffnungsloser Fall am Steuer" – weil ich manchmal etwas unaufmerksam bin. Man könnte meinen, dass andere Menschen kein Maßstab für ihn sind.

Wenn mich allerdings jemand kritisiert, ist Hermann der Erste, der ihm dabei völlig recht gibt – ob es berechtigt ist oder nicht! Mein Chef sagt mir, dass meine Leistung in letzter Zeit etwas nachgelassen hat? Hermann knirscht mit den Zähnen und ist zutiefst betroffen. Was für eine Niederlage!

KEIN WUNDER. DU BIST VIEL ZU FAUL UND DENKST NUR AN DEIN VERGNÜGEN!

Hermann ist der beste Verbündete von kritischen Mitmenschen – und wirft gerne noch den zweiten Stein auf uns.

Umgekehrt nutzt Hermann die Äußerungen anderer Menschen gern, um seine eigene Kritik an mir zu untermauern. Er hat da sehr, sehr feine Ohren: Mein Beifahrer sagt mir „Du bist ein bisschen abgelenkt, oder?“ – und Hermann poltert:

ER HAT KEIN VERTRAUEN IN DEINEN FAHRSTIL!

Durch die Augen der anderen

Ich stehe morgens unausgeschlafen vor dem Spiegel und sehe vor allem Schlupflider und Tränensäcke. Hermann begrüßt mich mit einem charmanten

DU SIEHST ECHT ALT AUS!

Und der Tag ist mein Freund.

Geht es hier wirklich nur um mich und mein Äußeres? Wohl kaum. Denn ganz schnell bringt Hermann andere Menschen ins Spiel – und die könnten mich unattraktiv und alt finden. Das wäre übel!

Dass ich ein schlechter Autofahrer bin, ist eine Sache. Aber dass andere das auch finden könnten, macht es für Hermann erst so richtig schlimm. Blöd gelaufen, dass der Chef meine Gehaltserhöhung ablehnt. Aber Hermann wittert eine Katastrophe:

Was der jetzt wohl von dir denkt, so **unverschämt,** wie du dich verhalten hast …

Ich bin davon überzeugt, dass ihn meine Schlupflider viel weniger beunruhigten, würde ich allein auf einer einsamen Insel leben …

Wenn Sie sich einmal die Standard-Kritikpunkte Ihres Hermanns genauer anschauen: Welche Rolle spielt dabei die Meinung Ihrer Mitmenschen?

Aber die Nachbarn!

In meiner Kindheit auf dem Dorf war eine der zentralen Fragen des sozialen Überlebens: Was sollen nur die Nachbarn denken?! Wenn eine Ehe zerbrach, man zu laut

feierte oder jemand seinen Job verlor – am meisten gefürchtet war immer die Meinung der Nachbarn.

Hermann tickt genauso. Wenn er mich völlig unmöglich findet, kommt er mir sofort mit meinen Mitmenschen und deren Meinung über mich. Was sollen mein Chef, meine Freunde, die Kollegen, mein(e) Partner(in), die Leute auf der Straße (die ich gar nicht kenne!) … nur denken?

Für Hermann ist diese Frage natürlich gar keine Frage: Hermann weiß nämlich, was andere denken. Oder er glaubt es zu wissen.

Wir können von der Zuneigung unseres besten Freundes oder der Wertschätzung des Chefs noch so tief überzeugt sein (wenn wir ernsthaft darüber nachdenken!) – Hermann ist es ganz bestimmt nicht. In seinen Augen haben diese Menschen „in Wirklichkeit“ eine ganz andere Meinung von uns. Und wir sind nur viel zu naiv oder blöd, um das zu erkennen.

Die Hölle sind die anderen?

Ist es nicht erstaunlich, was für ein Bild Hermann von anderen Menschen hat? Er ist zutiefst davon überzeugt, dass unsere Umwelt auf uns herabsieht, uns auslacht und nichts Besseres zu tun hat, als unsere Schwächen gnaden-

los bloßzulegen. Von was für Monstern sind wir eigentlich umgeben?!

Wie kommt es, dass ein Teil unserer Psyche so über uns selbst und andere Menschen denkt? Woher kommen solche Überzeugungen, die wir als erwachsene Menschen doch als reichlich verdreht empfinden müssten?

Lassen Sie uns versuchen, Hermanns Psyche ein wenig tiefer zu ergründen.

Dritter Teil

Die Psychologie des inneren Kritikers

Wenn sich Bücher und Seminare mit Hermann beschäftigen, geht es meistens darum, ihn zu bekämpfen und möglichst ganz abzuschaffen. Der innere Kritiker wird als destruktiv dargestellt. Folglich müssen wir uns von ihm befreien, um glücklich und sorgenfrei leben zu können. Klingt toll!

Mir ist diese Sichtweise allerdings zu schlicht. Denn sie wird Hermann überhaupt nicht gerecht! Außerdem habe ich noch nie gehört, dass jemand seinen inneren Kritiker wirklich losgeworden ist. Hermann lässt sich nicht so einfach abschaffen. Und es wäre auch überhaupt gar nicht erstrebenswert, ihn ganz aus unserem Leben zu verbannen (warum, werde ich Ihnen später erklären). Wir können aber lernen, konstruktiver mit ihm umzugehen. Und Hermann kann lernen, konstruktiver mit uns umzugehen.

Bin ich Hermann?

Wer oder was ist mein innerer Kritiker überhaupt? Erst einmal ist er ein Teil meines psychischen Inventars mit einer speziellen Aufgabe. Aber: Was hat er mit meinem ICH zu tun? BIN ich Hermann? Jein. Oder ist Hermann ein Fremdkörper in meinem Hirn? Wohl kaum, denn wir hören ja nicht wirklich, wie er mit uns spricht. Das hoffe ich jedenfalls!

Sondern wir denken: „Ich bin nicht gut genug." Und gleichzeitig fühlen wir uns schlecht und klein und dumm und so weiter. Wir sind also Kritiker und Kritisierter in einem. Als würden wir uns selbst mit dem Hammer immer wieder auf die Finger schlagen und gleichzeitig unter unserer Grausamkeit leiden.

Und dann ist in uns noch ein innerer Beobachter: Denn wir können uns ja dabei beobachten, wie wir uns selbst malträtieren. „Ich schlage mir tatsächlich immer wieder selbst auf die Finger – irgendwie blöd!“ Aber dann sagt wieder jemand in mir: „Ich verdiene es doch nicht anders.“ Und holt zum nächsten Schlag aus. Autsch.

So ... aber auch ganz anders

Ja, einfach hat es uns der Konstrukteur unseres Gehirns nicht gerade gemacht. Wenn wir einen guten Tag haben und mit uns im Reinen sind, sagen und denken wir zum Beispiel:

Ich fühle mich gut.
Ich würde gern mal wieder mit meiner alten Freundin essen gehen.
Ich mag meine Schwiegermutter.
Ich verdiene es, befördert zu werden

Meistens schleicht sich aber noch – mindestens! – ein ABER in unsere Gedanken wie:

Ich fühle mich gut. ABER mir macht der Schmerz im Rücken Sorgen.
Ich würde gern mal wieder mit meiner Freundin essen gehen. ABER sie ist so schlank – und ich sollte doch eine Diät machen.

Ich mag meine Schwiegermutter. ABER ihr Pessimismus geht mir auf die Nerven.
Ich verdiene es, befördert zu werden. ABER ich habe Angst, danach zu fragen.

Ziemlich widersprüchlich und gespalten, unser Ich. Und es scheint oft nicht zu wissen, was es eigentlich will. Sind wir einfach schlampig konstruiert?

Ein Abbild einer chaotischen Welt

Bestimmt nicht! Dahinter steckt vielmehr eine wirklich gute Idee, die uns eine Menge Vorteile bringt:
Das Leben zwingt uns ja ständig widersprüchliche Erfahrungen auf. Oft gibt es kein Richtig oder Falsch, Schwarz oder Weiß, weil die Wahrheit irgendwo dazwischen liegt oder sich andauernd ändert. Stellen Sie sich vor, wir wären gezwungen, uns bei allen Fragen sofort und für immer für eine eindeutige Position zu entscheiden. „Ich bin, fühle und denke SO – und nicht anders." Für jedes Problem hätten wir dann schnell eine Haltung und Meinung parat. Schön einfach wäre das. Nur lägen wir oft daneben, weil wir komplexen Situationen damit nicht gerecht werden könnten.

Unser Gehirn ist vielmehr so angelegt, dass es eine komplexe und mehrdeutige Welt in unserer inneren Welt abbildet – mit allen Widersprüchen. Besonders starke Ein-

flüsse bekommen sogar – wie Konsulate – eine eigene „Repräsentanz“ in unserer Psyche.

Durch wichtige Erfahrungen entwickeln wir Persönlichkeitsanteile, die uns ein Leben lang erhalten bleiben. Prägen mich zum Beispiel in jungen Jahren liebevolle, großzügige, geizige oder sehr strenge Menschen besonders, dann bilde ich entsprechende Repräsentanzen in mir: Mein liebevoller Anteil sorgt dafür, dass es mir gut geht, mein großzügiger möchte, dass ich in Fülle lebe, mein „innerer Geizhals“ hält mich lieber knapp, und vielleicht habe ich eine „innere Gouvernante“, die mich immer noch so behandelt, als sei ich ein ungezogenes Kind. Nämlich streng und unnachgiebig!

Waren meine Einflüsse sehr vielfältig, dann habe ich sehr viele verschiedene Anteile in mir, die sich dann zwangsweise in den Haaren liegen. Ich fühle mich dann oft gespalten und sitze zwischen den Stühlen. Wie sich solche inneren Konflikte anfühlen, wissen wir wohl alle!

Der Vorteil dieses Systems: Weil wir so viele verschiedene Fraktionen in uns haben, können wir sehr flexibel auf Herausforderungen reagieren.
Der Nachteil: Die innere Welt unserer Psyche ist nicht so übersichtlich und aufgeräumt, wie wir es gern hätten – sondern genauso ein Durcheinander wie New York in der Rushhour. Und genauso oft geht es nur im Stop-and-go-Tempo voran …

Ich bin ziemlich viele …

Die verschiedenen Anteile meiner Persönlichkeit haben natürlich ihre eigenen Ansichten: Ich habe Hunger? Mein „innerer Lüstling" will natürlich schlemmen, mein „Körper-Kontrolleur" findet mich aber viel zu fett und steuert mich lieber am Rande einer Essstörung entlang. Meinen „Außen-Beauftragten" interessiert nur, was andere über mich denken könnten – und er möchte auf keinen Fall als verfressen gelten! Und meine innere Gouvernante lehnt alle Genüsse generell ab und hält eine Scheibe Vollkornbrot für völlig ausreichend …

Natürlich vereinfacht dieses Modell die komplizierten Vorgänge unseres Denkens und Handelns. Aber es ist sehr nützlich, weil es uns ermöglicht, auf unsere Innenwelt leichter Einfluss zu nehmen. Wir finden uns ständig in Situationen wieder, in denen wir uns innerlich gespalten fühlen. Ich möchte dieses, aber auch jenes – ich will etwas unbedingt tun, habe aber Angst davor. Und das heißt nicht, dass wir auf die Couch gehören, sondern das ist ganz normal.

… und trotzdem bin ich ICH!

Ist es da nicht ein Wunder, dass wir es – trotz unserer inneren Vielstimmigkeit – meistens schaffen, Entscheidungen zu treffen und eine Position zu beziehen? Das

wäre allerdings unmöglich, wenn unsere Persönlichkeitsanteile die Sache unter sich ausmachen müssten und dürften! Dann bliebe es wohl bei einem ewigen Hin und Her.

Glücklicherweise gibt es noch eine übergeordnete ICH-Instanz: sozusagen der „Teamleiter“, der sich zwar die Meinungen seiner „Teammitglieder“, der Persönlichkeitsanteile, anhört und sie streiten lässt, der dann aber eine Ansage macht und die Richtung vorgibt. Wenn er einen guten Job macht, nicht zu rigide ist, aber die Zügel auch nicht aus der Hand gibt, kommen wir sehr gut durchs Leben.

Wir gehen also vereinfachend davon aus, dass unser Ich zwei hierarchische Ebenen hat: Auf der unteren tummeln sich ganz verschiedene Persönlichkeitsanteile mit ihren Haltungen und Ansprüchen an uns – auf der zweiten Ebene versucht der Teamleiter die vielen Stimmen zu integrieren und eine Denk-, Fühl- und Handlungsrichtung vorzugeben.

Wenn ich „ich“ sage, denke oder fühle, ist dies vor allem die Position meines inneren Teamleiters. Dann spüre ich zwar meine innere Vielstimmigkeit, stehe aber mental auf einer Ebene darüber. Ich nehme dann durchaus wahr, dass ich mehrere Seiten in mir habe. Aber ich entscheide, welcher Seite ich folgen möchte.

Fühle ich mich beispielsweise von meinem Chef ungerecht behandelt, möchte vielleicht ein Anteil in mir, mein „inne-

res HB-Männchen", spontan kündigen – ein anderer, der „innere Duckmäuser", möchte meine Wut lieber hinunterschlucken und lieb lächeln. Mein innerer Teamleiter wird hoffentlich vernünftig abwägen und dafür sorgen, dass ich mich strategisch klug verhalte und auch meiner Verärgerung Ausdruck geben kann.

Es kann aber sein, dass mein Teamleiter in manchen Situationen schwächelt und das Steuer nicht in der Hand hat. Dann drängen sich die einzelnen Persönlichkeitsanteile nach vorn, und jeder versucht, die Richtung zu bestimmen. Mal geht's nach links, mal nach rechts – der eine drückt das Gaspedal, der andere tritt auf die Bremse. Und der Kurs ist ein Schlingern und Taumeln.

Wenn ich dann „ich" sage, spricht mal der eine und mal der andere aus mir. Ich nehme mich dann innerlich gespalten, schwankend und unklar wahr und komme einfach nicht auf den Punkt. Und mein innerer Teamleiter? Der führt das Team nicht, weil er nicht darf oder sich nicht traut.

Jetzt kommt endlich Hermann ins Spiel

Sie ahnen es schon: Der innere Kritiker ist nicht mehr und nicht weniger als einer unserer Persönlichkeitsanteile – wenn auch meist ein ziemlich dominanter. Er geht ganz auf in seiner Aufgabe, alles, was ich denke, fühle und

tue, kritisch zu begleiten. Wir haben ja gesehen, wie eindimensional er denkt und wie sehr sein Verständnis von „gefühlten Wahrheiten“ geprägt ist.

Hermann hat im Team unserer Persönlichkeitsanteile auch Gegenspieler, die die Welt ganz anders sehen als er, zum Beispiel den „Forscher und Abenteurer“ – „Lass uns etwas Neues ausprobieren“, den „Selbstbewussten“ – „Ich kann eine ganze Menge“, den „Sozialen“ – „Ich mag Menschen, und Menschen mögen mich“ – und natürlich den „Optimisten“ – „Wird schon schiefgehen“.

Hermann nimmt also keine Sonderstellung in unserer Psyche ein. Bei einigen von uns ist er allerdings der Wortführer in unserem inneren Team – bei anderen lediglich eine Stimme unter vielen.

Was Hermann antreibt

Kritiker, Kontrolleur, Diktator – Hermann hat bei vielen von uns eine sehr starke Position und eine Menge Einfluss auf unser Denken und Handeln. Er wirkt arrogant und überlegen. Aber ist er wirklich so stark und selbstbewusst, wie er uns erscheint?

Stellen wir ihn uns doch einmal als Wesen aus Fleisch und Blut vor: Vor uns stünde ein nörgeliger Typ, dem man es niemals recht machen kann. Er weiß alles besser, ohne vom

irgendetwas eine Ahnung zu haben. Er ist misstrauisch, urteilt einseitig und hält die Welt für so missgünstig und gefährlich, dass er unbedingt jedes Risiko vermeiden will.

Wenn Sie einen Menschen mit diesen Charakterzügen auf einer Party kennenlernen würden – würden Sie ihn für einen selbstbewussten Menschen halten? Wahrscheinlich nicht. Tunnelblick, Misstrauen und Arroganz: Das sind Zeichen von Verunsicherung und Angst, oder?

Tatsächlich glaube ich, dass Hermann genau das ist: verunsichert und voller Angst. Wenn wir das berücksichtigen, können wir ihn in einem anderen Licht sehen und bekommen ein anderes Verständnis von seiner Rolle in unserer Psyche.

Eine gefährliche Welt!

Wovor Hermann Angst hat? Vor allem vor der Meinung der anderen. Er glaubt, dass andere Menschen viel besser und toller sind als wir. Und dass sie deshalb auf uns herabsehen, uns belächeln und womöglich verachten. Für unsere Existenzberechtigung müssen wir perfekt sein, jedes Risiko vermeiden und möglichst nicht auffallen. Dann lässt man uns vielleicht in Ruhe, hofft Hermann.

Die Welt, in der Hermann lebt, ist wirklich ein Dschungel!

Wie kommt er auf dieses verzerrte Bild von uns und unseren Mitmenschen? Und warum hält er so sehr daran fest? Wir können ihm immer wieder sagen, dass wir nicht so schlimm sind, wie Hermann uns sieht. Doch auf diesem Ohr ist Hermann taub.

Mit den Augen eines Kindes

Es gibt dafür eine ganz einfache Erklärung: Hermann denkt und empfindet nicht wie ein Erwachsener, sondern wie ein Kind. Genauer gesagt: wie ein „gebranntes Kind“. Andere Menschen sind für ihn strenge und fordernde Erwachsene, denen man es sowieso niemals recht machen kann. Klar, als Kind ist er ihnen unterlegen. Kein Wunder, dass ihm die Welt so gefährlich erscheint. Deshalb muss er ständig wachsam sein. Und er steht immer unter Stress.

Unserem Chef, unseren Freunden und Kollegen, unserem Partner oder unserer Partnerin – mit der Haltung unseres inneren Teamleiters begegnen wir ihnen auf Augenhöhe. Hermann jedoch hält sie für viel größer und mächtiger. Und er glaubt, von ihrem Wohlwollen abhängig zu sein.

Die Sichtweise von Kindern ist viel weniger differenziert als die der Erwachsenen – sie erschließen sich die Welt in Gut-böse-Kategorien. Die Hexe im Märchen ist nicht ein „schwieriger Charakter, der so destruktiv handelt, weil er Probleme hat“. Und Prinzen sind nicht „ganz gute Typen mit einem Hang zu Arroganz und Chauvinismus“. Nein, die eine ist schlecht, der andere ist gut. Punkt. Nur so kommt eine Kinderseele durchs Leben, bis sie in der Lage ist, auch Zwischentöne zu verstehen.

Und genauso geht es Hermann. Es ist schwer zu glauben, dass dieser ruppige Teil in uns das Wesen eines verängs-

tigten Kindes haben soll, ich weiß. Aber lassen Sie uns einen Blick in Hermanns Kinderstube werfen. So können wir leichter verstehen, wie er zu dem geworden ist, was er heute ist.

Hermanns Kinderstube

Höchstwahrscheinlich kam Hermann auf die Welt, als wir noch sehr jung waren. Wir hatten es damals nicht leicht. Auch wenn wir uns im Rückblick an eine rundum gute Kindheit erinnern, durchlebten wir eine Zeit mit großen Herausforderungen. Unsere Umwelt mag sich die allergrößte Mühe mit uns gegeben haben – sie konnte uns Frustrationen nicht ersparen. Denn wir waren nun einmal hilflos, mit wenig Möglichkeiten und Kompetenzen. Wir waren abhängig von den Erwachsenen. Die Welt war riesengroß und äußerst verwirrend – und wir mussten uns irgendwie einen Reim darauf machen und überleben.

Am schwersten hatten wir es mit den Großen: Die waren extrem schwer zu verstehen – viele verstanden sich ja nicht einmal selbst! Wir spürten instinktiv, dass die Erwachsenen nicht immer glücklich waren, sondern oft Angst hatten oder sehr risikoscheu waren. Was sie uns sagten, war aber etwas ganz anderes. Je mehr solcher Widersprüche wir zu verarbeiten hatten, desto wackeliger wurde unser psychisches Fundament. Und leider haben Kinder selten die innere Stärke, die verdrehte Umwelt dafür verantwort-

lich zu machen. Nein, wir beziehen dies auf uns und glauben, dass es etwas mit uns zu tun hat – dass es wohl unsere Schuld sein muss, wenn die Welt so durcheinander oder sogar feindselig ist.

Höchstwahrscheinlich hatten unsere Bezugspersonen auch ihre Hermänner und fühlten sich oft ungenügend. Irgendwann verstanden wir, dass wir in einer Welt von Be- und Entwertungen leben. Und vielleicht waren wir schon früh das Opfer negativer Kritik. Manche Erwachsenen vermitteln ihren Kindern, dass sie sich mehr anstrengen müssen, um gut zu sein und geliebt zu werden. Diese Kinder lernen dann, dass sie nicht gut SIND, wenn sie etwas nicht gut MACHEN. Und schlimm ist es, wenn sie das Gefühl entwickeln, niemals gut genug zu sein!

Aus unendlich vielen kleinen und großen Erfahrungen verdichtet sich in uns eine Vorstellung davon, wie wir sind und wie wir sein sollten – und dazwischen klafft meist eine mehr oder weniger große Lücke. So entwickeln wir ein Selbst-Bild, das die feste Überzeugung beinhaltet, nicht gut genug zu sein und sich deshalb sehr, sehr anstrengen zu müssen. Auf diese Weise wird ein Teil unserer Persönlichkeit geboren, den wir den inneren Kritiker nennen.

Ein gebranntes Kind

Hermann ist also das Ergebnis unserer Erfahrungen mit einer verwirrenden, widersprüchlichen und kritischen Welt. Möglicherweise hat uns niemals ein Mensch gesagt: „Du bist nicht gut genug!“ Aber wir haben die Zeichen so gedeutet und auf uns bezogen. Deshalb hat Hermann so viele Zweifel und Ängste.

Hinzu kommt, dass viele von uns nicht nur mit den Erwachsenen ein Problem hatten. Auch mit den anderen Kindern war es nicht so einfach! Sie gingen vielleicht recht ruppig mit uns um. Oder andere waren beliebter oder sportlicher oder schlauer als wir. Und das ließ man uns spüren. In der Pubertät schien uns die Frage lebenswichtig, ob wir dazugehörten oder nicht, ob wir „richtig“ waren oder „falsch“.

Hatten wir Glück und waren mit einer sehr starken Persönlichkeit auf die Welt gekommen, machte es uns vielleicht nicht allzu viel aus, „anders“ zu sein. Wenn wir jedoch sensibler veranlagt waren, hat die Art und Weise, wie wir in unserer Kindheit und Jugend behandelt wurden, sicher einige Narben auf unserer Seele hinterlassen, und auch diese Narben gehören zu Hermann.

Ein Gefühl, das wir in Kinderzeiten kennenlernten – es ist eines der schlimmsten Gefühle überhaupt –, ist die Scham. Wir haben uns geschämt, weil wir so waren, wie wir waren. Vielleicht hat man uns sogar gesagt, wir müssten

uns schämen! Was die Scham so giftig macht, ist, dass sie immer unserem SEIN gilt. Für meine Taten fühle ich mich schuldig – und dafür kann ich mich ent-schuldigen. Ich schäme mich aber für das, was ich BIN – und „ent-schämen“ kann ich mich leider nicht.

Weil es so schwer zu ertragen ist, wenn wir meinen, uns schämen zu müssen, vermeiden wir Situationen, in denen diese Gefahr droht. Auch heute noch als erwachsene Menschen. Vielleicht nennen wir es heute anders: Wir sagen nicht mehr, dass wir uns schämen – wir sagen lieber, dass uns etwas „peinlich“ ist. Aber das Gefühl dahinter ist immer noch Scham.

Möglicherweise ist Ihnen jetzt gerade peinlich, dass Sie etwas so Kindliches, Unsicheres und Ängstliches in sich tragen? Aber bitte glauben Sie mir: Wir alle haben diese sehr jungen Anteile in uns. Wenn wir erwachsen werden, wird ja in unserem Hirn nicht einfach eine neue Software installiert. Sondern frühe Erfahrungen werden durch neue ergänzt und nicht gelöscht. Wir reifen, werden erwachsen, aber kindliches Denken und Fühlen bleibt uns trotzdem erhalten. Man spricht deshalb auch vom „Kind-Ich“ oder dem „inneren Kind“.

Also bitte nicht schämen! Alles ganz normal.

Eine kindliche Seele

Denken Sie doch bitte einmal an die typischen Kritikpunkte Ihres Hermanns. Was mag er nicht an Ihnen? Und was löst die Vorstellung in Ihnen aus, er könnte tatsächlich recht damit haben? Ich rate mal: Scham? Je mehr Hermann auf unser Herz zielt, indem er kritisiert, was und wie wir sind, desto mehr werden wir uns dafür schämen. Damit, ein schlechter Autofahrer zu sein, kann ich vielleicht noch ganz gut leben. Aber zu faul zu sein, zu dumm, zu dick, zu unattraktiv? Das ist doch nur schwer auszuhalten, oder?

Hermann hat entweder am eigenen Leib erlebt, wie es ist, beschämt zu werden – oder ihm wurde beigebracht, dass Menschen ihn beschämen könnten und er deshalb sehr aufpassen muss. Kein Wunder, dass er sich gerade dann bei uns meldet, wenn wir im Begriff sind, etwas Neues, Ungewohntes und Riskantes zu unternehmen. Er glaubt, dass es sehr, sehr peinlich sein wird, wenn wir der neuen Herausforderung nicht zu hundert Prozent gewachsen sind.

Hermann sieht andere Menschen eben durch Kinderaugen. Er hat große Angst, den Erwachsenen hilflos ausgeliefert zu sein. Deshalb haben die anderen in seinen Augen sowieso immer recht. Und natürlich richtet er seine Kritik niemals gegen andere; das wäre doch viel zu gefährlich!

Und so wird auch verständlich, warum Hermann uns niemals sagt, wir hätten beispielsweise schon 80 Prozent erreicht und sollten doch versuchen, noch 85 Prozent zu schaffen. Er hat nie gelernt, so differenziert zu denken – dazu war und ist er viel zu jung!

Giftpfeile eines ängstlichen Kindes

Ich kann mir vorstellen, dass Ihnen eine Frage durch den Sinn geht: Wenn Hermann so ein verängstigtes Wesen ist – warum geht er derart gemein und brutal mit uns um? Warum können wir nicht ein bisschen netter mit uns selbst sein?

Ja, das ist erstaunlich! Hermann macht mit uns genau das, wovor er die meiste Angst hat. Er hat schreckliche Angst vor Kritik – und kritisiert uns. Er glaubt, dass andere Menschen gnadenlos mit unseren Schwächen umgehen könnten – und er hackt den lieben langen Tag auf unseren Schwächen herum. Er will vermeiden, dass wir beschämt werden – und löst genau dieses schlimme Gefühl in uns aus.

Hermann, was soll das? Mein Hermann würde wohl darauf antworten:

Ich will dich doch nur beschützen.
Besser ICH bin etwas härter zu dir,
als wenn die anderen das sind.
Wenn ich nicht wäre, würdest du doch
völlig arglos in die Welt
hineinspazieren. Du würdest dir keine
Mühe geben und glauben,
dass du damit durchkommst.
Die lachen dich aus!
Und dann machen sie dich fertig!

Wenn ich nicht wäre, hättest du da draußen doch keine Chance.

Ein merkwürdiger Beschützer

Hermann macht uns klein, damit wir uns klein fühlen – und brav in unserem Schneckenhaus bleiben, wo uns nichts passieren kann. Auch wenn Ihnen das merkwürdig erscheinen sollte: Ich glaube, dass unser innerer Kritiker sich als unser Beschützer versteht. Und diesen Job erledigt er, so gut er es eben mit seiner kindlichen Psyche und den Möglichkeiten eines Kindes kann.

Hermann mag mit mir (und mit Ihnen) nicht immer nett umgehen. Aber mich rührt die Vorstellung, dass sich dieser kindliche Teil in mir so eine Riesenaufgabe vornimmt und meint, mich beschützen zu müssen und zu können.

Ist es da ein Wunder, dass ihm neue, aufregende Erfahrungen und unser persönliches Wachstum völlig schnuppe sind? Er lebt in einer Welt, in der scharf geschossen wird. Wer interessiert sich schon im Krieg für Kreativität und Selbsterfahrung? Hermann will einfach nur überleben.

Verstehen Sie jetzt, warum ich so wenig davon halte, den inneren Kritiker als unseren „Gegner“ zu betrachten und ihn sogar abschaffen zu wollen? Das hat dieses „Kind in uns“ wirklich nicht verdient!

Ich bin Kritiker und Kritisierter

Wenn Hermann ein so junger, kindlicher Anteil unserer Psyche ist, warum lassen wir uns so von ihm behandeln? Warum haben wir ihm so wenig entgegenzusetzen? Vor allem: Warum glauben wir ihm überhaupt, wenn seine Argumente und Sichtweisen so kindlich sind und ganz offensichtlich unserem erwachsenen Verständnis widersprechen? Wenn Hermann so dahergepoltert kommt – wer macht ihm die Tür auf?

Wo es einen notorischen Kritiker gibt, muss es auch einen „notorisch Kritisierten“ geben – wir müssen also beide Seiten in uns tragen: Wenn Hermann das Steuer in der Hand hält, behandeln wir uns selbst entwertend und verurteilend. Aber die Kritik prallt ja nicht an uns ab, sondern wir fühlen uns sofort ge- und betroffen: Jemand in uns glaubt, dass sie berechtigt ist! Dann ENTWERTEN und VERURTEILEN wir uns nicht nur, sondern wir fühlen uns auch ENTWERTET und VERURTEILT. Diesen Teil nenne ich den Kritisierten. Und genau dieser Teil macht Hermann die Tür auf!

Wenn Hermann uns anzischt „Das kannst du doch nicht!“, steht schon der Kritisierte bereit und fühlt sich klein und hilflos und sagt: „Ja, das kann ich wirklich nicht.“ Der Kritiker und der Kritisierte sind zwei Seiten einer Medaille, zwei ängstliche, unsichere kindliche Seelen mit ganz unterschiedlichem Auftreten.

Deshalb schwanken wir auch so leicht zwischen diesen beiden Positionen hin und her: Entweder der Kritiker tritt zuerst auf, und ich klage mich an. Dann kommt sofort der Kritisierte, und ich fühle mich schlecht, weil ich glaube, dass der Kritiker recht hat. Oder umgekehrt: Ich habe das Gefühl, etwas nicht gut gemacht zu haben – und schon stürzt sich auch noch der Kritiker darauf und beklagt, wie unfähig ich doch bin. Meistens sind die beiden so ineinander verkeilt, dass ich sie gar nicht unterscheiden kann – Selbstkritik und schlechtes Gefühl sind einziges Kuddelmuddel …

Zwei Kinder am Steuer

Wahrscheinlich wissen Sie, wie es sich anfühlt, wenn die beiden sich den Ball zuspielen: Wir spüren einerseits Wut und Verachtung, die wir gegen uns selbst richten, und gleichzeitig fühlen wir uns klein, schlecht und unfähig.

Du bist schlecht – ich bin so schlecht; das kannst du nicht – so ein Mist, das kann ich nicht; das darfst du nicht – das kann ich doch unmöglich machen …

Zwei Kinder steuern unser Schiff. Und wo sind die Erwachsenen? Man kann doch Kinder nicht diesen schwierigen Job machen lassen. Wo ist unserer „inneren Teamleiter“, der erwachsene Teil unseres Ichs, der für das Gleichgewicht und den richtigen Kurs zuständig ist? Er ist verschwunden.

Ja, wir überlassen tatsächlich unseren inneren Kindern das Kommando! Und das bedeutet außerdem: Wir lassen sie allein mit ihren Ängsten – in einer Welt, die sie für gefährlich und feindselig halten! Können wir sie dafür kritisieren? Nein. Sie machen ihren Job und verhalten sich so, wie sie es wissen und kennen. Dies ist der Grund, warum ich es für falsch halte, den inneren Kritiker als unser Problem zu betrachten.

Nicht Hermann ist das Problem, sondern dass wir ihn ganz allein lassen!

Vierter Teil

Unser Leben mit Hermann

Wie wir bisher mit Hermann umgehen

Nicht Hermann ist das Problem, sondern dass ich ihn ganz allein lasse? Dass ich nicht erwachsen genug bin? Was soll das denn heißen, bitte schön? Ich bin doch ein erwachsener Mensch. Und das schon ziemlich viele Jahre. Jede Sekunde am Tag bin ich erwachsen. Schließlich verdiene ich meine Brötchen selbst, darf die Regierung wählen, zahle Steuern und brauche sogar schon eine Lesebrille. Das beweist doch, wie erwachsen ich bin!

Wirklich erwachsen!?

Könnte man meinen. Aber so ganz stimmt das nicht. Sicherlich bin ich oft „mental erwachsen“ – dann ist mein Selbstbild grundsätzlich positiv und ich kann mich mit all meinen Eigenschaften, auch den Macken, ganz gut annehmen. Wenn ich mich mit Freunden entspannt unterhalte und wenn ich Menschen generell auf Augenhöhe begegne. Psychisch erwachsen zu sein bedeutet, ein differenziertes Bild von sich selbst und seiner Umwelt zu haben und sich mit allen Emotionen und Widersprüchen im Großen und Ganzen zu akzeptieren. Diese erwachsene Haltung haben wir im Laufe unseres Lebens entwickelt. Glücklicherweise!

Das funktioniert aber nur, solange vor allem mein „innerer Teamleiter“ das Steuer in der Hand hält und mein Denken, Handeln und Selbstverständnis bestimmt. Wie wir gesehen haben, macht er sich aber ab und zu vom Acker. Und dann handele ich und fühle mich schon nicht mehr so erwachsen.

Beispielsweise, wenn

- mein Kollege ein Lob vom Chef bekommt und ich sofort voller Neid und Eifersucht bin,
- ich zutiefst gekränkt bin, weil ein Freund meinen Geburtstag vergessen hat,
- ich gar nicht weiß, wohin mit meiner Wut, weil mir jemand die Vorfahrt genommen hat,

- ich keinen klaren Satz herausbringe, wenn mir ein Mensch, für den ich schwärme, gegenübersteht,
- ich mich wie ein Loser fühle, weil meine beste Freundin befördert wurde.

Alles keine sehr erwachsenen Reaktionen, oder? In solchen Momenten fallen wir blitzartig zurück auf das psychische Reifeniveau eines Kindes. Und für eine Weile SIND wir dann fünf oder zehn Jahre alt und ausschließlich neidisch, eifersüchtig, gekränkt oder trotzig. Der innere Teamleiter? Fehlanzeige.

Die Identifikations-Falle

Jetzt denken Sie vielleicht: „Das ist doch ganz normal, ab und zu mal den Kopf zu verlieren!" Genau, das finde ich auch. Es ist völlig okay, zeitweise mental nicht erwachsen zu sein. Wenn wir beispielsweise mit Freunden herumalbern, beim Shoppen unser Hirn nur noch „HABEN!" funkt oder wir im Kinosessel Zeit und Raum vergessen.

In anderen Situationen ist es aber gar nicht lustig, wenn wir einem unreifen Persönlichkeitsanteil allein das Feld überlassen, wenn Ihr innerer Perfektionist oder der „Allen-alles-recht-Macher" über Ihr Denken und Handeln bestimmt. Oder eben der innere Kritiker. In so einem Moment haben wir als erwachsene Menschen kaum noch Einfluss auf das, was in uns passiert. Wenn Hermann

unser Bewusstsein entert, sehen wir ausschließlich durch seine Brille.

In der Psychologie nennt man diesen Mechanismus „Identifikation“: Das, was wir in diesen Momenten als ICH empfinden, ist vollkommen identifiziert mit diesen kindlichen Gefühlen und Gedanken. Und dann werden wir von unseren Mitmenschen wahrscheinlich auch nicht als erwachsenes Gegenüber wahrgenommen.

Nicht an meinem Tisch!

Glücklicherweise kommen wir meist schnell zurück in einen halbwegs erwachsenen Zustand. Dann wird uns bewusst, wie kritisch wir da gerade mit uns umgegangen sind. Blöde Sache. Das stört uns, und deshalb lehnen wir diesen Teil von uns ab. Weil wir ihn nicht mögen. Und weil wir doch gar nicht so sind! Weil er uns immer wieder vor Augen führt, dass wir nicht so souverän und erwachsen sind, wie wir gerne wären.

Also gehen wir den leichtesten Weg und verbannen Hermann gleich ganz aus unserem Selbstverständnis. Und sehen nur das, was wir gut können und an uns schätzen. Und Hermann passt natürlich nicht dazu. Hermann gehört zu unseren „inneren Schmuddelkindern“. Pfui! Nein, Hermann soll nicht mit uns am Tisch sitzen.

Kein Wunder, wenn wir uns für Bücher und Seminare interessieren, die uns versprechen, unseren inneren Kritiker für immer loszuwerden. Charmante Idee. Aber was würden wir von Eltern halten, die ihre schwierigen Kinder ignorieren oder sie gar loswerden wollen. A la Loriot: „Das Kind ist zickig". Dafür hätten wir doch wenig Verständnis!

Doch genauso gehen wir mit Hermann um – und beschweren uns noch über seine Existenz. Auf diese Weise wird unser innerer Konflikt bestimmt nicht kleiner! Und außerdem kostet uns diese Strategie eine Menge Energie. Der Ausweg?

Ab heute finde ich mich super!

Anstatt sich mit den eigenen Schattenseiten auseinanderzusetzen, konzentrieren sich viele Menschen ausschließlich auf ihre Sonnenseiten. Auch wenn Hermann noch so laut pöbelt und meckert: Soll das Kind doch schreien, bis es blau anläuft.

Eine Weile habe ich es mit einem Gegen-Programm zu Hermanns mieser Propaganda versucht: Ich ignorierte ihn einfach und wollte mit mir selbst nur noch nett umgehen. Meine Schlachtrufe waren:

- *Ich bin ein wertvoller und guter Mensch.*
- *Ich bin okay!*
- *Alle Menschen mögen und schätzen mich.*
- *Alles, was ich tue, mache ich sehr gut.*

Immer wenn Hermann ätzend daherkam, schleuderte ich ihm solche Sätze entgegen wie dem Vampir Knoblauch und Kruzifix. Hermann sollte keine Chance mehr haben! Ich dachte, er würde schon irgendwann aufgeben und endlich glauben, was ich mir gebetsmühlenartig einredete. Denn ich wusste doch, dass ich recht hatte!

Sie ahnen es schon, es wollte nicht so recht klappen. Hermann war immer viel schneller als ich. Bevor ich mir freundlich und tolerant zureden konnte, hatte er schon lange losgelegt und mich unter sein kritisches Feuer genommen.

Und wenn Hermanns *Du bist eben nicht gut genug* in meinem Herzen steckte wie eine Glasscherbe, kam mein „Doch, ich bin gut und wertvoll" ziemlich schwachbrüstig daher. So blieb Hermann fast immer der Sieger.

Ich musste einsehen, dass dieser Weg eine Sackgasse war. Wir können gegen Hermann nicht gewinnen. Doch die meisten Menschen versuchen es trotzdem auf diese Weise – vergeblich.

Wie wir in Zukunft ein bisschen klüger mit Hermann umgehen können

Vor einiger Zeit haben Hermann und ich angefangen, einiges an unserem Zusammenleben zu verändern. Ich mochte einfach nicht mehr so weitermachen wie bisher.

Ich fand es sehr, sehr frustrierend, mir einzugestehen, wie hilflos ich mich Hermann gegenüber fühlte! Solange ich denken konnte, hatte ich mich gegen ihn und seine Kritik an mir gewehrt. Ich hatte ihn beschimpft und bedroht. Ich habe mit Engelszungen geredet, dass er mich doch endlich so akzeptieren soll, wie ich bin. Ich habe ihn ignoriert und mich im positiven Denken geübt. Das kostete mich eine Menge Nerven und Energie und war schließlich umsonst. Hermann hatte nach wie vor einen Logenplatz in meinem Leben.

Aber einfach aufgeben? Das wollte ich auf keinen Fall! Denn ich wusste ja, dass viel mehr in mir steckte und ich nicht so ein hoffnungsloser Fall war, wie Hermann mir seit meiner Kindheit eingeredet hatte. Also beschloss ich eines Tages, dass es anders werden musste. Ganz anders. Und so startete ich Tag 1 meines Hermann-Projekts.

Kein leichter Weg

Seitdem ist einige Zeit vergangen, und inzwischen komme ich ganz gut mit Hermann klar. Auch wenn der Weg nicht leicht war und es immer noch Situationen gibt, in denen er und ich in unsere alten Rollen fallen, in denen er meckert und ich ihn blöd finde. Aber das geschieht nur noch ziemlich selten. Und wenn mir Hermann heute allzu kritisch daherkommt, gebe ich auf keinen Fall mehr das Steuer aus der Hand und lasse ihn nicht mehr gewähren.

Wir haben uns beide verändert. Klar, Hermann ist immer noch ein sehr junger und ängstlicher Teil von mir. Er ist aber wesentlich entspannter geworden, weil er weiß, dass ich erwachsen bin – und die Welt mich akzeptiert.

Klingt nicht schlecht, oder? Wenn Sie wollen, erzähle ich Ihnen, wie Hermann und ich das hinbekommen haben. Da gibt es nur eine Sache, die Sie vorher wissen sollten: Hermann und ich haben nicht einfach die Friedenspfeife

geraucht und alles war paletti. Es war eine Menge Arbeit und ein langer Weg für ihn und mich.

Um uns zu verändern, brauchen wir Geduld und Nachsicht mit uns selbst und vor allem den festen Willen und die Bereitschaft, alte Gewohnheiten und Denkmuster zu hinterfragen und durch neue, bessere zu ersetzen. Falls Ihnen jetzt Zweifel kommen (und Hermann Ihnen zuflüstert DAS SCHAFFST DU DOCH NIE!) – glauben Sie mir, es lohnt sich, diesen Weg zu gehen.

Und los geht's: Das Hermann-Projekt

Fakt ist: Hermann lässt sich weder abschaffen noch einschüchtern. Wie können wir sonst mit ihm umgehen? Mein Vorschlag: Sie arbeiten ab sofort daran, sich immer unabhängiger von Ihrem inneren Kritiker zu machen! Der Deal könnte sein: Hermann darf ein Teil Ihres Lebens bleiben – aber SIE, als erwachsener Teamleiter, werden das Steuer nicht mehr aus der Hand geben. Einverstanden?

Wichtig dabei ist nur, dass Sie Ihr Vorhaben ernst nehmen! „Ich kann's ja mal versuchen …" wird bestimmt nicht ausreichen. Hermann und Sie sind ein viel zu eingespieltes Team, als dass er seine Gewohnheiten aufgeben würde, nur weil Sie lediglich einen neuen Vorsatz gefasst haben.

Deshalb schlage ich Ihnen Folgendes vor: Für einen Monat steht Ihr Hermann-Projekt bei Ihnen an erster Stelle, und Sie schenken ihm Ihre Aufmerksamkeit, Zeit und Energie.

Wenn Sie dann merken, dass sich etwas positiv verändert, verlängern Sie es um weitere drei Monate. Ich verspreche Ihnen, Sie werden dann ein viel entspannteres Verhältnis zu Ihrem inneren Kritiker haben.

Können wir loslegen? Prima! Um Ihnen die Arbeit mit Ihrem Hermann-Projekt zu erleichtern, habe ich es in vier Schritte unterteilt.

Der erste Schritt: Erforschen Sie IHREN Hermann

Ich kannte meinen kritischen Quälgeist beinahe schon mein ganzes Leben lang. Aber wusste ich, wer er wirklich war? Hatte ich eine Vorstellung, was ihn antrieb und was seine Ziele waren? Nein. Ich hatte lediglich ein Feind-Bild von ihm in meinem Kopf: Dieser Teil von mir sorgte nur immer wieder für schlechte Gefühle und war mir im Weg. Punkt. Also fing ich jetzt an, genauer hinzusehen.

Das Hermann-Tagebuch

Wir denken den ganzen Tag (und viele schlaflose Nächte) vor uns hin. Wir grübeln von rechts nach links und wieder zurück. Bei schwierigen, komplexen

Themen kommen wir dabei oft keinen Schritt weiter. Wir denken und denken wie der Hamster in seinem Laufrad, was uns natürlich extrem frustriert! Um unser mentales Laufrad zu verlassen, gibt es einen sehr einfachen Weg: Wir müssen nur konsequent aufschreiben, was und wie wir denken.

Ich schlage Ihnen deshalb vor, dass Sie sich ein Hermann-Tagebuch zulegen, in das Sie ab sofort Ihre Beobachtungen und Gedanken schreiben können. Dies ist eine Grundvoraussetzung für alles, was jetzt folgt. Glauben Sie mir: Wenn Sie sich sagen: „Ach, was soll das, ich mache es einfach in Gedanken“, wird Ihr Vorhaben höchstwahrscheinlich im Sande verlaufen, denn dahinter verstecken sich mit Sicherheit Vermeidungsmechanismen, die dafür sorgen, dass Sie dieses Projekt nicht ernst genug nehmen und lieber alles so lassen, wie es ist.

Und dann geht es los: Notieren Sie ab jetzt jeden Tag, wo und wie Ihnen Hermann begegnet – entweder abends im Rückblick oder noch besser sofort, wenn Sie ihn wahrnehmen. Folgende Fragen können Ihnen helfen:

- Woran bemerken Sie Ihren inneren Kritiker?
- Wie kommuniziert er mit Ihnen und was sagt er?
- Welche Gefühle löst er in Ihnen aus?
- In welchen Situationen meldet er sich?

Hermanns Kritik

Haben Sie einige Zeit Protokoll geführt? Sind Ihnen schon Dinge aufgefallen, die Sie vorher nicht an sich bemerkt haben? War es vielleicht auch schwer, Hermann mal so konsequent im Auge zu behalten? Das ging mir anfangs auch so!

Schauen Sie sich jetzt bitte Ihre Aufzeichnungen einmal genau an:

- Welche Punkte tauchen darin immer wieder auf, was sind Hermanns Haupt-Kritikpunkte an Ihnen?
- Was mag er gar nicht – bei welchen Themen wird er besonders kleinlich oder entwertend?

- Gibt es bestimmte Menschen, von denen Hermann glaubt, dass sie Sie besonders kritisch betrachten?

Bitte notieren Sie unbedingt alles, was Ihnen zu diesen Fragen einfällt. Auch wenn es noch unklar ist oder auf Vermutungen beruht. Ein ganz wichtiger Hinweis ist, wie Sie die Gedanken anderer Menschen einschätzen. Oft sind wir überzeugt, dass Kollegen, Bekannte oder sogar Leute, die wir nur sehr oberflächlich kennen (ein Verkäufer, Busfahrer oder Frisör), uns kritisch sehen oder sogar ablehnen. Hier sollten Sie genauer hinschauen: Was glauben Sie – genau! –, was diese Menschen über Sie denken? Versuchen Sie so ehrlich wie möglich mit sich zu sein. Wo hat Ihr Kritiker die Hände im Spiel?

Hermanns Ängste

Dass innere Kritiker generell von Ängsten angetrieben werden, wissen wir ja schon. Jetzt geht es um die konkreten Ängste Ihres Hermanns. Untersuchen Sie bitte, welche Ängste Sie hinter Ihrer Selbstkritik entdecken:

- Was versucht Ihr innerer Kritiker mit seiner „Arbeit" unbedingt zu verhindern?
- Was, glaubt er, würde Schreckliches geschehen, wenn Sie NICHT auf ihn hörten?
- Und wie, meint Hermann, würden dann andere Menschen auf Sie reagieren?

Je größer Hermanns Einfluss auf Sie ist, desto größer wird auch seine Angst sein und die Befürchtung, dass etwas sehr Schlimmes geschehen könnte. Meistens sind es Ängste vor verletzender Kritik und Demütigungen durch andere Menschen. Auch wenn Sie diese Befürchtungen als erwachsener Mensch albern und unrealistisch finden, nehmen Sie sie bitte unbedingt ernst! Durch Kinderaugen betrachtet sieht die Welt eben ganz anders aus.

Mein Vorschlag:
Schreiben Sie einen Brief in Hermanns Namen. Und zwar an Sie! Was würde er Ihnen über seine Ängste und Befürchtungen sagen? Wie würde er seine Sicht auf die Welt beschreiben? Vielleicht erscheint es Ihnen verrückt, einen Persönlichkeitsanteil einen Brief schreiben zu lassen? Keine Sorge – diese Technik ist sehr sinnvoll, um uns mit Seiten von uns zu versöhnen, die wir bisher ablehnen und verdrängen.

Geben Sie Hermann ein Gesicht!

Wir können leichter mit Seiten unserer Persönlichkeit umgehen, wenn sie für uns Namen und Gestalt haben. Ich habe mir ja schon die Freiheit genommen, dem Kritiker einen Namen zu geben. Aber vielleicht haben Sie bei der Lektüre gedacht, dass „Hermann“ gar nicht zu ihrem inneren Kritiker passt? Dann ist es jetzt an der Zeit, ihm einen passenderen Namen zu geben! Ist es eine „Her-

mine"? „Der Hausmeister"? Oder „Tante Berta"? Immer, wenn Sie „Hermann" lesen, setzen Sie dann im Geiste diesen Namen Ihres inneren Kritikers ein.

Bleibt noch die Gestalt: Wie stellen Sie sich Ihren inneren Kritiker vor? Haben Sie ein Bild von ihm vor Augen? Er kann wirklich jede Gestalt haben! Ein reales Gesicht, eine Figur, eine Maske, ein Tier, ein Symbol, ein Gegenstand … Falls Ihnen im Moment nichts einfällt, machen Sie sich bitte auf die Suche nach Ihrem Hermann: Halten Sie die Augen offen nach etwas, das für Sie für Ihren Kritiker steht. Egal ob Sie einkaufen, spazieren gehen oder in einer Zeitschrift blättern. Und wenn nichts hundertprozentig passt, geben Sie sich eben mit etwas weniger zufrieden.

Und schließlich: Wenn Sie eine Gestalt gefunden haben, suchen Sie sich einen Gegenstand, der Sie daran erinnert. Eine Zeichnung, einen Stein, ein Stofftier, ein Foto, eine Playmobil-Figur – alles ist okay, was für Sie stimmig ist!

Bitte haben Sie diesen Gegenstand gut sichtbar so oft wie möglich bei oder vor sich. Mit dieser Erinnerungshilfe soll Ihnen Hermann für eine Weile stets präsent sein.

Hermanns Biografie

Bestimmt haben Sie beim Lesen schon darüber nachgedacht, warum Ihr innerer Kritiker so geworden ist, wie er ist. Haben Sie inzwischen eine Idee, durch welche Umstände, Einflüsse und Menschen in Ihrem Leben Sie Ihre selbstkritische Seite entwickelt haben? Vielleicht gab es schmerzliche Erfahrungen, aus denen Sie gelernt haben? Oder haben Sie Ihren Hermann von anderen Menschen „übernommen“ (die möglicherweise unter ihrem eigenen Kritiker zu leiden hatten und sich oft klein und hilflos fühlten)? Was haben Sie als Kind über sich, andere Menschen und die Welt gelernt, dass es Ihnen so wichtig wurde, so kritisch mit sich selbst umzugehen? Machen Sie sich auch dazu bitte Notizen.

Der zweite Schritt: Immer schön erwachsen bleiben!

Solange ich mich jedes Mal automatisch, wenn Hermann in mein Bewusstsein polterte, nur noch ungenügend und klein fühlte und mich dafür noch mehr kritisierte und abwertete, hatte ich wenig Hoffnung auf Besserung. Ich war zu hundert Prozent mit Hermann identifiziert – und mein innerer Teamleiter hatte sich aus dem Staub gemacht. Mir dämmerte irgendwann, dass es so nicht weitergehen konnte. Ich brauchte ein besseres „Selbst-Management"! Also musste ich meinen inneren Teamleiter dazu bringen, sich nicht so einfach davonzuschleichen, wenn Hermann loslegte. Er sollte lernen, auch bei stürmischem Wetter das Steuer in der Hand zu behalten. Oder anders formuliert: Ich wollte endlich lernen, auch in schwierigen Situationen mental erwachsen zu bleiben.

Wie fühlt es sich an, erwachsen zu sein?

Vielleicht ist Ihnen diese Vorstellung noch etwas fremd: Wann ist man denn „mental erwachsen"? Was heißt das überhaupt?

Erforschen Sie bitte, in welchen Situationen und mit welchen Menschen Sie sich erwachsen fühlen:

- Wann sind Sie selbstbewusst und finden sich in Ordnung, so wie Sie sind – auch mit allen Ihren Macken, Ecken und Kanten?
- Wann tragen Sie den Kopf oben, sitzen gerade und können tief und entspannt durchatmen?
- Und wie fühlt sich dieser – erwachsene – Zustand an?

Nehmen Sie diese Fragen bitte mit in Ihren Alltag.

- Beobachten Sie, wann Sie sich besonders gut und selbstsicher fühlen.
- Versuchen Sie herauszubekommen, was Sie in diesen Situationen über sich und die Welt denken.
- Formulieren Sie aus Ihren Beobachtungen Sätze, die mit „Ich“ anfangen.

Ganz sicher werden dies positive, optimistische Sätze sein, die Ihnen gute Gefühle vermitteln, wie: „Ich bin ein Mensch, dem seine Freunde vertrauen“ oder „ich bin eine mutige Frau“. Deshalb macht es Sinn, sie irgendwo gut sichtbar aufzuhängen. An den Kühlschrank oder an den Spiegel im Bad?

Sie SIND Ihr innerer Teamleiter!

Sie haben jetzt eine gute Vorstellung davon, wie es ist, mental erwachsen zu sein. (Auch wenn dies vielleicht seltener der Fall ist, als Sie es gern hätten.) Wenn Sie jetzt aus der erwachsenen Perspektive Ihre „schwierigen Seiten" betrachten, Ihre Ängste oder das Gefühl, nicht gut genug zu sein, dann werden Sie zu ihnen mehr innere Distanz als sonst aufbauen können. Sie wissen zwar, dass diese Persönlichkeitsanteile zu Ihnen gehören – aber solange Sie im mental erwachsenen Zustand sind, haben Sie die Kontrolle. Hermann mag jetzt noch so sehr meckern und zetern – das ist okay. Denn Ihr innerer Teamleiter bleibt am Ruder.

Im Prinzip hat sich an Ihrem „psychischen Inventar" nichts geändert – aber andere Instanzen haben jetzt das Heft in der Hand. Und damit hat sich tatsächlich sehr viel geändert!

Achten Sie doch in den nächsten Tagen mal ganz bewusst auf Ihren inneren Teamleiter. Beobachten Sie, wann Sie Ihre Umwelt und sich selbst aus der erwachsenen Perspektive wahrnehmen – und wann Ihnen dies schwerfällt. Versuchen Sie auch wahrzunehmen, wenn Ihnen die erwachsene Haltung entgleitet oder wenn Sie sie gerade völlig verloren haben. Allein die Tatsache, dass Sie merken, ob Sie durch Teamleiter-Augen sehen oder durch Hermanns Schwarz-Weiß-Brille, ist ein Riesenfortschritt! Denn je besser und schneller wir wahrnehmen, was in uns vorgeht

und wie wir uns selbst steuern, desto leichter können wir darauf Einfluss nehmen.

Was passiert, wenn Hermann ins Spiel kommt?

Klar, Hermann ist eine echte Herausforderung für unseren Teamleiter. Bisher hat er ja immer schnell das Weite gesucht, sobald Hermann sich einmischte. Jetzt möchte ich Sie bitten, Ihre Aufmerksamkeit auf genau diese Situationen zu richten, in denen Ihr Kritiker sich lautstark zu Wort meldet oder zumindest dazu ansetzen will. Schauen Sie sich vorher noch einmal an, was Sie im ersten Schritt zu Hermanns Hauptkritikpunkten an Ihnen notiert haben.

Beobachten Sie in der nächsten Zeit, wie es Ihnen geht, wenn Hermann sich in Ihr Bewusstsein drängt und sich Ihre erwachsene Teamleiter-Perspektive verändert beziehungsweise ganz verabschiedet. Versuchen Sie auch herauszufinden, welchen Einfluss andere Menschen darauf haben: Bei wem fällt es Ihnen besonders schwer, „erwachsen zu bleiben“, wer schlägt Ihren Teamleiter schnell in die Flucht?

Beobachten Sie zunächst einmal, was passiert, bevor Sie versuchen, Einfluss auf diese Prozesse zu nehmen. Erken-

nen kommt immer vor dem Verändern! Ein sehr gutes Zeichen für Ihren Fortschritt ist es, wenn Sie mehr und mehr akzeptieren können, wie diese Mechanismen in Ihnen ablaufen. Vielleicht können Sie sogar ab und zu über sich selbst schmunzeln.

Tipps für ein gutes Selbst-Management

Sie leben mit Hermann ja schon 20, 30, 40 oder mehr Jahre zusammen. Bisher waren Sie ein eingespieltes Team – also verlangen Sie bitte nicht von sich, dass sich Ihre Beziehung zu Hermann über Nacht verändert. Geben Sie sich Zeit! Sich in Geduld mit sich selbst zu üben, ist ein wunderbares Werkzeug, um innere Konflikte zu entspannen. Wenn wir uns selbst dann noch mit einer Prise Humor betrachten können, ist die Sache nur noch halb so schlimm!

Ihr Chef hat Sie gerade schräg angeschaut, und Hermann ist Ihnen sofort in die Parade gefahren? Für eine Sekunde fühlten Sie sich abgelehnt, klein und inkompetent? Aber nur eine Minute lang, denn jetzt erkennen Sie, was in Ihnen gerade wieder abgelaufen ist. Und das ist der Unterschied zu früher! Wie wär's jetzt mit einem „Hallo, Hermann!"? Grinsen Sie ihn doch mal (innerlich) an – okay, er hat's wieder getan, wie tausende Male zuvor. Ist doch kein Drama.

Was immer hilft: Richten Sie sich auf! Stehen Sie auf, oder machen Sie sich im Sitzen gerade. Atmen Sie tief durch. Machen Sie sich bewusst, dass Sie ein erwachsener Mann oder eine erwachsene Frau sind. Auch wenn es selbstverständlich klingt – genau diese einfache Tatsache ist jetzt sehr wichtig! So erreichen Sie, dass Ihr Teamleiter wieder ins Spiel kommt und Sie die erwachsene Perspektive wieder einnehmen können.

Der dritte Schritt: Sehen Sie der Realität ins Auge!

Viel zu lange haben wir die Welt mit Hermanns Augen gesehen. Inzwischen haben wir aber gelernt, zwischen seiner und einer erwachsenen Perspektive zu unterscheiden. Jetzt steht ein Realitäts-Check an!

Jetzt mal Butter bei die Fische

… sagt man in Hamburg – und meint damit, dass es endlich mal zur Sache gehen muss. Es geht darum, Hermanns „Wahrheiten" zu durchleuchten und aus erwachsener Sicht zu überprüfen. Wahrscheinlich haben Sie beim Lesen schon darüber nachgedacht – ich möchte Sie trotzdem bitten, dies nun systematisch und schriftlich zu tun.

Nehmen Sie sich Ihre Aufzeichnungen zu Hermanns Kritikpunkten aus dem ersten Schritt noch einmal vor. Notieren Sie auf einem neuen Blatt alles, was Hermann an Ihnen kritisiert und ablehnt, und bringen Sie jeden Punkt auf einen einzigen Satz, der mit „Ich" beginnt. Zum Beispiel: „Ich bin zu alt, um noch attraktiv zu sein", „Ich bin oberflächlich" oder „Ich bin ein schlechter Vater".

Auch wenn es Ihnen widerstrebt, diese Sätze aufzuschreiben, bitte seien Sie hier möglichst ehrlich mit sich! Klar, Sie wissen inzwischen sehr genau, dass diese „Wahrheiten" ziemlich verdreht sind. Wir brauchen sie aber hier noch einmal, und zwar bitte auf den Punkt gebracht.

Die Wahrheit und nichts als die Wahrheit

Na, ziehen Sie diese Sätze runter? Liegt Ihnen ein nervöser Hermann im Ohr – weil er vielleicht ahnt, dass Sie dabei sind, seinen Absolutheitsanspruch in Frage zu stellen?
Atmen Sie tief durch. Bleiben Sie innerlich erwachsen. Nehmen Sie sich ein neues Blatt Papier, das Sie neben das Blatt mit den Kritikpunkten legen. Und jetzt knöpfen Sie sich bitte Punkt für Punkt vor. Auch wenn Hermann Zeter und Mordio schreit: WAS IST DIE WAHRHEIT? Wie sind Sie wirklich, wenn Sie sich mit erwachsenen Augen

betrachten? Es geht hier nicht um Lobhudelei und Selbstbeweihräucherung. Ganz bestimmt sind Sie nicht perfekt und haben Ihre Schattenseiten. Klar. Trotzdem wird Ihre Selbsteinschätzung ganz sicher positiver und differenzierter ausfallen als Hermanns Kritik.

Ein Beispiel:
„Ich bin ein schlechter Vater“ – die Wirklichkeit könnte eher so lauten: „Mir fehlt manchmal die Geduld und das Verständnis. Aber ich gebe mir Mühe und tue, was ich kann, um ein guter Vater zu sein.“

Vielleicht brauchen Sie mehr als zwei oder drei Sätze, um Ihre ehrliche Selbsteinschätzung auszudrücken? Sie haben alle Zeit der Welt und bestimmt genug Papier, um zu formulieren, was Sie wirklich über sich denken. Wenn Sie sich nicht sicher sind und Zweifel haben – schreiben Sie sie ruhig auch auf, denn sie gehören doch zu Ihnen. Die einfachen, Zweifel-losen und schwarz-weißen Einschätzungen waren Teil von Hermanns Gedankenwelt. Unser erwachsener Blick auf uns selbst wird immer auch Grautöne und Unklarheiten aufweisen.

Neue Gewissheiten?

Ich kann mir vorstellen, dass der vorherige Abschnitt eine Menge von Ihnen verlangte. Mir fiel es damals auch nicht leicht, zu Papier zu bringen, wie ich mich aus erwachsenen Augen sah. Aber es hatte eine gute, heilsame Wirkung. Wie steht es mit Ihnen?

Oder melden sich bei Ihnen Zweifel? „Das soll's gewesen sein? Jetzt ist alles gut?“ Natürlich nicht. Unser Gehirn ist ja kein Computer, den wir einfach umprogrammieren können. Was Sie eben über sich geschrieben haben, ist nur ein Anfang. Ab jetzt liegt es bei Ihnen, ob dieses Selbstbild Ihnen immer selbstverständlicher wird. Es wird noch einer Menge Anstrengung und Konzentration bedürfen,

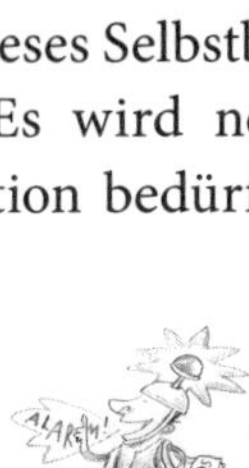

es sich immer und immer wieder ins Bewusstsein zu holen. Wenn Sie Ihre neu formulierten Wahrheiten nur in einer Schublade verschwinden lassen, werden sie keine große Wirkung entfalten können.

Die Kunst des Unterbrechens & Aussteigens

Sie haben jetzt eine Menge über die innere Dynamik der verschiedenen Persönlichkeitsanteile unseres ICHs gelernt. Zum Schluss des dritten Schritts möchte ich Ihnen noch eine sehr praktische Methode empfehlen, die sich bei mir bewährt hat (auch wenn sie zunächst einmal banal klingt):

Immer wenn ich merke, dass Hermann beginnt, seine Strippen zu ziehen, sage ich mir selbst STOPP! Als würde ich eine innere Stopp-Taste drücken, unterbreche ich das gewohnte Prozedere von Selbstkritik und Mich-selbst-klein-Fühlen. Und zwar sehr entschieden! Sobald ich merke, dass sich ein typischer Hermann-Gedanke wie „Das kann ich doch nicht“ oder „Was denken die dann von mir“ oder „Ich bin ein Versager“ in meinem Hirn ausbreitet, sage ich mir innerlich:

STOPP.
Durchatmen.
Aufrichten.
ICH BIN EIN ERWACHSENER MANN (ODER EINE ERWACHSENE FRAU).

Und dann gelingt mir manchmal: Ein Grinsen …

Das STOPP-Sagen ist der Job meines inneren Teamleiters. Wichtig ist, dass er schnell meine innere Bühne betritt, bevor Hermann sich dort breitmacht und seine Solo-Nummer abzieht. Wir wissen ja alle, wie schwer es ist, ihn von der Bühne zu tragen, wenn er sich erst einmal so richtig auf uns eingeschossen hat.

Der vierte Schritt: Was Hermann von Ihnen braucht

Eine Weile fühlte ich mich innerlich ziemlich zerrissen. Einerseits war ich fest entschlossen, an meinem neuen Selbstverständnis festzuhalten. Hermann wurde aber nicht gerade friedlicher und umgänglicher. Ganz im Gegenteil! Und so geriet ich doch immer wieder ins Zweifeln an mir und meinen Fähigkeiten. Ich dachte schon, es müsse wohl immer so weitergehen – im ständigen Kampf mit Hermann. Da fiel mir auf, dass ich etwas vergessen hatte: Ich war so begeistert davon, dass ich doch ein besserer Mensch war, als ich früher dachte. Nur Hermanns Ängste und Zweifel waren dadurch überhaupt nicht kleiner geworden …

Noch mal zurück zu Hermann

Theoretisch ist die Sache klar: Unser innerer Kritiker entstand in unserer Kindheit, und er versteht die Welt, wie ein Kind sie versteht. Führen wir uns noch einmal vor Augen, wer dieses Wesen in uns ist: Weil es schlimme Erfahrungen gemacht hat und/oder von den schlimmen Erfahrungen anderer Menschen geprägt wurde, hat es ganz schreckliche Angst. Man könnte es auslachen, verachten und demütigen für das, was es fühlt, denkt und ist. Deshalb ist es stets wachsam, um diese Gefahr abzuwen-

den – denn in seinen Augen lauert sie überall. Es kennt nur eine Lösung: sich nicht zeigen, sich lieber kleinmachen und auf keinen Fall Risiken eingehen. Und tief in seinem Kinderherzen befürchtet es, dass die anderen ja recht haben könnten und es wirklich nichts wert ist. Ein anrührendes Bild, oder?

Was braucht ein solches Wesen? Sicher nicht, dass wir es zum Schweigen bringen oder abschaffen wollen.

Von Kindern und Monstern

Wenn Sie als Kind nicht schlafen konnten, weil Sie sich vor Monstern fürchteten – hätte es Sie beruhigt, wenn Ihre Eltern Sie kurz informiert hätten, dass es generell keine Monster in Kinderzimmern gibt? „Alles klar, Papa. Wusste ich nicht. Dann schlafe ich jetzt mal." NEIN. So läuft es nicht mit Kindern.

Kinder, die Angst haben, wollen erst einmal in den Arm genommen werden! Und dann brauchen sie eine Menge Verständnis und Geduld. „Du hast Angst vor Monstern? Au weih, ja, das ist schlimm! Hatte ich auch, als ich Kind war …" Erst später kann man dann gemeinsam mal unters Bett schauen, ob sich da vielleicht gerade ein Monster eingenistet hat. Erst dann kann die Angst kleiner werden, und das Kind fühlt sich wieder sicher und geborgen.

Genauso viel Geduld, Wärme und Verständnis braucht Hermann auch! Das klingt vielleicht erst einmal sonderbar oder ungewohnt. Aber Hermanns Ängste sind ja die Ängste eines Fünf- oder Sechsjährigen, und sie werden nur kleiner, wenn da jemand ist, der ihm viel Geborgenheit gibt. Und dieser jemand sind natürlich Sie. Kein anderer kann diese Aufgabe übernehmen.

Ich will auf meinen Arm

Auch wenn es uns nicht gefällt: Wir sind nun einmal erwachsen, zahlen Steuern und kriegen irgendwann Haare in den Ohren. Also müssen wir diesen Job selbst erledigen. Ja, wir müssen uns selbst in den Arm nehmen (auch wenn es natürlich viel schöner ist, wenn andere das tun) und selbst nett zu unseren inneren Kindern sein. Auch zu den garstigen – wie Hermann.

Was denken Sie gerade? Psychogeschwafel? „Das innere Kind in den Arm nehmen – klingt nach Räucherstäbchen und Ausdruckstanz“? Ich kann verstehen, wenn es Ihnen merkwürdig erscheint, was ich Ihnen von unseren kindlichen Anteilen erzählt habe. Aber sie sind nun einmal Teile unserer Realität – auch wenn wir bisher nicht viel von ihnen wussten. Ich möchte Sie überzeugen, von nun an Ihrem inneren Kritiker verständnisvoll zu begegnen. Mit der Zeit werden Sie es schaffen, das Bild von Ihrem inneren Kritiker als einem ängstlichen und liebenswerten Kind ganz fest in Ihrer Vorstellung zu verankern.

Ein neuer Job für Hermann

Was wird denn nun aus Hermann? Sie werden bestimmt immer mehr lernen, mental erwachsen zu bleiben – und damit Hermann nicht mehr auf den Leim gehen. Wird der innere Kritiker also eines Tages arbeitslos wer-

den? Ich glaube nicht. Denn Sie können von seiner großen Sensibilität profitieren: Schließlich hört Hermann das Gras wachsen! Lassen Sie ihn doch ruhig weiterhin wachsam sein, und bitten Sie ihn, Sie zu warnen, wenn Sie im Begriff sind, ein zu hohes Risiko einzugehen.

Ich habe Hermann den Job meines „inneren Risikomanagers“ übertragen. Er schlägt Alarm, wenn ich drohe zu selbstgefällig, lässig oder faul zu werden – wenn ich glaube, mit einer zu entspannten oder sogar schlampigen Haltung durchs Leben zu kommen. Dann ist es sehr hilfreich, von Hermann ermahnt zu werden: „Das ist jetzt echt nicht gut genug – streng dich lieber ein bisschen mehr an.“

Danke, Hermann!

Leben mit Hermann

Ach, der Hermann. Er ist wirklich kein schlechter Kerl. Ich mag ihn mit all seinen Verschrobenheiten und Ängsten. Und es fällt es mir gar nicht mehr schwer, verständnisvoll mit ihm umzugehen. Er ist nun mal ein Teil von mir.

Das heißt ja nicht, dass ich seine Sichtweise übernehme und ihn entscheiden lasse, wohin die Reise geht. Dazu ist er viel zu jung. Wir würden ja auch kein Kleinkind unser Auto lenken lassen. Je mehr ich die Welt und mich selbst aus einer erwachsenen Perspektive betrachten kann, desto weniger wird mich Hermanns Sichtweise beunruhigen.

Und auch Hermann lernt dazu, und manchmal ist er schon fast entspannt: Wenn ich ihm nämlich mit viel Geduld immer wieder erkläre, dass alles okay ist, wie es ist. Und dass unter dem Bett wirklich keine Monster sind.

Aber lass uns gern mal nachsehen …

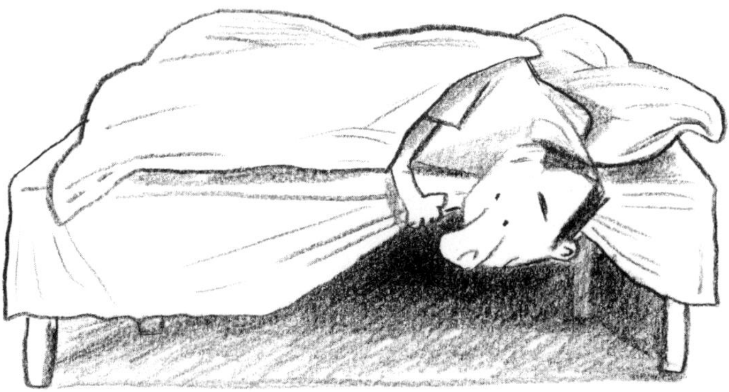